歴史の偽装を暴き、真実を取り戻す

薩長史観の正体

武田鏡村
Takeda Kyoson

東洋経済新報社

まえがき

明治維新百五十年、嘘で固められた薩長史観

近代日本は明治維新から始まるといわれるが、では明治維新とは一体何であったのか。それは封建制のもとで弊害だけがあった徳川幕府の体制を倒し、新しい国家を樹立し、富国強兵を国是として日本を世界に伍《ご》する国にした。日本の近代化を図って、国威を世界に発揚するために行なわれたのが明治維新だというのである。

だが、幕末における歴史の過程と内実を考えると、果たして明治維新とは何であったのかと再び問いたくなってくる。

明治維新百五十年といわれるが、その歴史は、明治維新を遂行した薩摩と長州によって創られ、支配されたものである。いわゆる「薩長史観」によって語られてきたのが、日本の近現代史であるといってもよい。確かに太平洋戦争の敗戦までは、薩長によって日本が実質的に支配されていた。それを支えていたのが「薩長史観」で、それは戦後から現在に至るまで地下水脈のように流れている。

そして、明治維新を考えるときにも「薩長史観」によって規定されているのが現状である。

では「薩長史観」とは何か。明治政府がその成立を正当化するために創り上げた歴史である。それは薩摩や長州が幕末から明治維新にかけて行なった策謀・謀反・反逆・暴虐・殺戮・略奪・強姦など、ありとあらゆる犯罪行為を隠蔽するために創られた「欺瞞《ぎまん》」に満ちた歴史観であるということである。

薩長は幕府を倒すために、初めは外国人を排斥する攘夷《じょうい》を唱えて暗躍するが、それが通用しなくなると、天皇を讃える尊皇主義を持ち出して尊皇攘夷に変節し、さらに尊皇開国を唱えるようになる。

いずれも幕府を倒すための口実であるが、最後に残ったのが、尊皇という「天皇主義」の一点である。これは倒幕から討幕に方向転換する最大の切り札となる。つまり薩長は、幕府に取って代わるために天皇を利用したのである。そのため彼らは、国民を統治するために、日本は神聖な天皇が支配する「神の国」であるという絶対的な天皇主義を打ち出すことで、幕府を倒す過程で行なった数々の残虐な行為を隠蔽した。

一例を挙げよう。薩長は孝明天皇の拉致《らち》を計画したばかりか、謀略をもって孝明天皇を暗殺したと噂されるが、これらを覆い隠している。それどころか、幕府討伐のために、不可侵とする天皇の名を使って「討幕の密勅」を偽造して、自己の正当化を謀《はか》った。

一番、天皇を蔑《ないがし》ろにして明治維新を進めたのが、薩長である。その事実は「薩長史観」によって、見事なまでに消し去られて、勤皇に燃える薩長の勇壮な活躍が語られている。

極論すれば、薩長にとって天皇は、手の上の「玉《ぎょく》」であって、それを利用して成り立ったのが明治維新ということになる。そのため、明治維新の不幸、つまり国民の不幸は、神国日本としての天皇主義に無条件に従う体制、つまり薩長の体制に従属する国家を創ったことである。この体制は、天皇に命を捧げるのは国民の当然の義務とされるが、それは薩長の体制に無条件に服従させるためのものであった。これは明治維新から軍国主義の体制として七十八年も続き、近隣諸国やアジア諸国への侵略と支配を重ねた末に、太平洋戦争の終結をもって閉じられることになる。

だが、これで「薩長史観」の呪縛が解けたわけではない。それは亡霊のように蘇っている。現在、「教育勅語」や「靖国神社」に関心が寄せられているように、皇国日本に一身を捧げることが愛国心の発現であるとする風潮が台頭している。そこには、薩長と同じように天皇が持ち上げられているが、決して天皇を心から尊崇するものではなく、薩長と同様に利用するだけの存在としてあるという傾向が見られる。

いずれにしても、薩長が行なった明治維新の欺瞞に対して、事実をもって明らかにすることは、「薩長史観」によって覆われている数々の歴史を見直して、真実の歴史を取り戻すことになる。

例えば、明治維新は、国内戦争となる戊辰《ぼしん》戦争で勝利したから成しとげられたといわれている。だが実は、それ以前に平和的な権力移譲が行なわれていた。幕府が天皇に政権を返還した大政奉還がそれである。これは「慶応維新」というべきもので、坂本龍馬などは、これで「新国家」が成立して、国内戦争が回避されたと涙を流して喜んでいた。ところが薩長は、これを武力によってひっくり返した。これが血にまみれた明治維新である。薩長は、平和的な大政奉還を行なった幕府と、それを受理した天皇を支える朝廷のおだやかな権力移譲の体制を完全に否定したのである。

この無視された歴史を照射することで、「薩長史観の正体」が浮き彫りにされてくる。真実の歴史を見直すことで、現在の私たちの位相を確かなものにすることができるであろう。

本書の構成は、これまで流布されてきた「薩長史観」と、それによって隠蔽された「真相」を史実に照らして明らかにするものである。

平成二十九年夏　武田《たけだ》鏡村《きょうそん》

目次

第一部

幕末動乱編

薩長史観①

幕府は外国に対して無力・無策のまま開国したために倒幕の運動が起こった

真相

幕府は、薩摩や長州に比べてはるかに開明的で開国による近代化を進めていた

江戸末期の社会不安の最大の原因は、数多くの外国船が次々と日本に来航してきたことである。鎖国してから百数十年の日本にとって、唯一の交易国はオランダであるが、南下政策をとるロシアをはじめ、イギリス、アメリカなどの船舶や軍艦が日本沿岸に出没するようになった。彼らは日本との通商を求めるだけではなく、船員が上陸して食糧や薪《まき》、水

を求め、拒絶されると横暴を繰り返した。これには幕府をはじめ諸藩や民衆までが動揺し、極度の不安に陥った。

　それに対して幕府は外国船に強硬な態度で臨むことはせず、いたずらに手をこまねいていたというのが「薩長史観」の見方である。つまり幕府は無力で無策であったというのである。そのため幕末に生じた数々の事件は、もっぱら幕府の無策と弱腰によって生じたものので、そんな幕府に日本を任せられない。倒幕することで日本を守らなければならない。そのため起こった倒幕運動は、憂国の志士による当然な行動であったと断言する。

　ところが幕府は、二十七歳の阿部正弘を老中首座にすえて、外国との対応と開国を見すえた近代化を図っていた。阿部は、オランダ国王から「阿片《あへん》戦争で清国《しんこく》（中国）がイギリスに敗れた。次は日本が狙われるだろうから、速やかに開国政策をとるように」という国書を受け取ると、沿岸の防衛対策を立てている。同じくオランダからアメリカ艦隊が来航すると告げられると、ペリーが浦賀にやってくる一年前から江戸湾などに砲台を築き、大船建造の禁止令を解除して海防の強化を行なっている。

　さらに開国するときのことを考慮して、外国の軍事・外交・洋学の知識のある人材を登用した。川路聖謨《としあきら》、岩瀬忠震《ただなり》、大久保忠寛《ただひろ》、永井尚志《なおゆき》、江川英龍《ひでたつ》、勝麟太郎（海舟）、小栗忠順《ただまさ》らである。彼らはいずれも優れた知識と技能で日本の近代化を進めていく。彼らの能力と先見性は、薩摩や長州をはるかに超えていた。

ところが、幕府の瓦解と明治維新の要因は、薩摩と長州が欧米の知識や技術を積極的に取り入れ、軍備の近代化を図って、旧態依然の幕府を倒したためだといわれている。だが、この「薩長史観」は、全くの誤りである。確かに戊辰《ぼしん》戦争では東北の諸藩は、軍備の近代化に取り組まずに征討軍に圧倒された。だが、近代化を図っていた長岡藩や庄内藩では、敗北したものの互角に戦ったのである。しかも、軍艦の隻数と操船術に関して幕府は、薩長をはるかに超えている。いわば薩長は、幕府の近代化への改革を手本としながら、それに追いつこうと必死になっていたというのが実情であった。

高島秋帆《しゅうはん》に洋式砲術を学んだ江川英龍は、韮山に反射炉を造り、門下から佐久間象山、橋本左内《さない》、桂小五郎（木戸孝允《たかよし》）を輩出している。もっとも長州の木戸は、砲術を通じた開明性よりも、老獪な政治に長けるようになる。また幕府は、長崎に海軍伝習所を設立して、幕臣や諸藩の藩士らを受け入れている。幕臣の勝海舟、榎本武揚《たけあき》、薩摩の五代友厚《ともあつ》、佐賀の佐野常民《つねたみ》ら広く人材を求めて育成している。また勝海舟は神戸海軍操練所を造り、塾頭に土佐の坂本龍馬を任じて、旗本や薩摩、土佐その他の藩士を受け入れている。幕府は藩によって差別することなく、門戸を開いていた。これは、逆らった藩を徹底的に排除した明治政府の偏狭さとは大いに異なるところである。

勘定奉行の小栗忠順は、横須賀製鉄所を造り、ここに造船所や修船所などの建設を目指している。小栗は遣米使節に同行して、アメリカの文化や財政、技術の導入を決断している。これからは世界との交易が重要になると考えて、特に造船に力を注いだ。薩長主導の明治政府は、この遺産を継承して富国強兵の道を突き進む。のちに、日露戦争でバルチック艦隊に勝利した東郷平八郎は、小栗の遺族を自宅に招き、「日本海海戦で勝利を得ることができたのは、小栗さんが横須賀造船所を造ってくれたお陰です」と礼を述べた。

幕府の開国政策は、阿部正弘から堀田正睦《まさよし》に老中が代わり、井伊直弼《なおすけ》が大老になると、日米修好通商条約が結ばれ、神奈川・長崎・新潟・兵庫の開港と、江戸と大坂が開放されて自由貿易が規定された。これに対して、日本は天皇を中心とする「神の国」だと唱える水戸藩の徳川光圀《みつくに》以来の水戸学に洗脳され、外国人の排斥を叫ぶ攘夷《じょうい》論者は「朝廷の許しを得ない無断調印だ。天皇の意志に反する違勅《いちょく》だ」と怒った。これに紀州の徳川慶福《よしとみ》(家茂《いえもち》)か水戸出身の一橋慶喜《よしのぶ》かの将軍継嗣の問題が絡んで、政局が混乱した。

井伊大老は安政の大獄といわれる弾圧で、反幕府派を一掃するが、それによって開国を進める幕府と攘夷派が対立、そこに薩摩や長州が乗じる形で幕府の実権を握ろうと、さまざまな画策が行なわれた結果、幕末の大混乱を引き起こすことになる。薩摩や長州は、攘夷とそれに続く尊皇運動に乗じて幕府に代わって政権を取ろうとしたのである。

薩長史観②

真相

吉田松陰は、松下村塾で幕末志士の精神を育成し、「至誠」を貫き実行した大教育者である

吉田松陰は、激情に駆られて変節して、暴力革命を礼賛するテロの扇動家であった

吉田松陰といえば、「薩長史観」、特に長州史観にとっては、幕末の傑出した教育者であり、明治維新の精神的な原動力になった最高の指導者であると讃えられている。

吉田松陰が主宰する長州萩の松下村塾からは、久坂玄瑞《くさかげんずい》、高杉晋作《しんさく》、桂小五郎（木戸孝《たか》允《よし》）、伊藤俊輔（博文）、山県狂介（有朋《ありとも》）、品川弥二郎らを輩出している。

いずれも、幕末から維新にかけて活躍した者たちで、木戸や伊藤、山県は明治になって元勲として重きをなした。そのため、師匠となる松陰を顕彰することで、自分たちの業績を誇り、血にまみれた不名誉な行実を隠蔽した。

そもそも松陰という人物は、誠《まこと》の心を持ってすれば達成できないことはないという「至誠にして通じざるはなし」という言行から、純粋で真っ直ぐな人格者であると見られている。東京に松陰神社が建立されて、その至誠の姿が讃えられている。しかし、松陰の行動を追ってみると、それは変節と激情に満ちている。

吉田松陰は、長州藩士で二十六石取りの杉家に生まれるが、山鹿《やまが》流軍学の師範である吉田家の養子となり、軍学者として藩内で知られるようになる。やがて、脱藩して諸国を視察するが、その過程で出合ったのが、水戸藩士の会沢安《やすし》（正志斎）が書いた『新論』である。

会沢は『新論』で、日本は神としての天皇が統治する国であるために、永遠不滅の力を持っている。夷敵《いてき》となる外国人など足許にも及ばず、日本にやってきた外国人は排撃しなければならない、と尊皇論と攘夷《じょうい》論を展開している。尊皇論は徳川光圀《みつくに》以来の水戸学となるもので、それに外国人を排斥する攘夷論が加わったものである。

尊皇攘夷といわれるが、これは薩長が考え出した思想ではなく、水戸学によって影響されたものである。幕末の動乱の原因は水戸学にあって、それを薩長が巧みに利用したのである。松陰は、『新論』によって、すっかり水戸学に洗脳された。

ところが江戸で、松代藩士で洋学者の佐久間象山に出会って、外国の文化を学ばなければならないと教えられると、攘夷論を捨てて密航を企てる。長崎に行ってロシア船に乗ろうとしたが、すでに出航した後だった。アメリカの黒船が再航したことを知ると、浦賀に行って乗り込んだもののペリーに拒絶される。恐らく松陰は、ロシアでもアメリカでもどちらでもよかったということは、ただ密航を企てたという事実だけが必要であったのであろう。密航を〝自訴〟して江戸の伝馬町の獄に繋がれ、連座した佐久間象山と共に、老中の阿部正弘の「在所における蟄居」という寛大な処置を受けている。思い込みが激しく激情家の松陰は、自分の行動を正当化する性癖があった。心に曇りがないことを知らしめるために自訴という行為にでたのは、そのためである。

松陰は、長州に戻されて萩の野山獄に入った後に、二十七歳のときに松下村塾を開いた。そこで高杉らの門弟を教育するが、鬱屈する激情のはけ口を求め続ける。大老となった井伊直弼《なおすけ》が強権を発動して勅許のないまま日米修好通商条約を結ぶと、松陰は怒った。外国の現状も知らず、それに対応する国内体制も確立していない状況で、独断で通商条約を結ぶとは、なんという愚昧な幕府か。しかも天皇が認めない開国を一方的に決めるとは国内を分裂させる愚策であると、松陰は、井伊大老をはじめとする幕閣に対して激しい怒りを抱いた。

そして長州藩は、主体的に日本を外国に売り渡す奸賊《かんぞく》を倒すべきだと決意した。まず、井伊大老につぐ奸物として、朝廷への弾圧を指揮している老中の間部詮勝《まなべあきかつ》の暗殺である。これには門弟の高杉晋作や久坂玄瑞ら十七名が血盟書で応じた。松下村塾はテロリスト集団になったのである。その体質が、外国人の殺害や天誅《てんちゅう》という名のもとで政敵の暗殺をくり返すことになる。

松陰は、長州藩の重役の周布政之助《すふまさのすけ》に、「朝廷の意向に反して諸外国と国交を開く幕閣を倒すことが急務であり、私は長州藩勤皇の先駆けとなります」と語って、暗黙の了解を得た。さらに藩吏の前田孫右衛門に対しては、「いよいよ盟約が成り、周布殿にもお願いしておきましたから、クーボール砲三門、百目玉筒五門、三貫目銃空弾二十、百目鉄玉百、合薬五貫目を貸与してください」と手紙に認《したた》めた。

これは小規模ながらも武装蜂起の準備である。いかにも軍学者としての松陰らしいものであるが、この武装行動の発想が長州藩として、のちに京都の御所を襲撃して、天皇に銃砲を向ける「禁門《きんもん》（蛤《はまぐり》御門《ごもん》）の変」になるのであるから、松陰はテロリスト集団の先駆者であった。

薩長史観③

吉田松陰は、明治維新を成しとげた長州の実践的な指導者で、その功績は最大に讃えられるべきである

真相

松陰の教えは、数々の暗殺や暴発などテロ行為を正当化し、のちの日本を侵略戦争に駆り立てた

幕府の方針に反対する者たちへの弾圧が始まった。井伊大老による安政の大獄である。水戸藩の安島帯刀《あじまたてわき》、鵜飼幸吉《うがい》、福井藩の橋本左内《さない》、さらには梅田雲浜《うんぴん》、頼三樹三郎《らいみきさぶろう》らが次々と捕縛された。

この事態に慌てた周布《すふ》ら長州藩の重役は、京都で活動していた藩士を長州や江戸に呼び

寄せ暴走を押さえて、幕府の弾圧をかわそうとした。さらに計画の首謀者である松陰の存在を危険視した藩は、野山獄舎に再び投じた。松陰は、「周布の奸猾《かんかつ》を除《のぞ》かずんば、国事ついに済《すま》すべからず」と周布の変節に怒った。しかも江戸にいる高杉晋作《しんさく》や久坂玄端《くさかげんずい》ら松下村塾の五人の門人から「義挙は時期尚早である」という手紙を受け取ると怒り狂った。「勅許を得ずして独断で外国と通商条約を結んだ幕府への激烈な批判を起したのは、この私だ。私がいなければ、幕府への弾劾は千年たってもなかったのだ。忠義というものは、鬼の留守に茶を呑むようなものではない。江戸にいる諸君と私とは意見を異にする。その分かれる所は、私は忠義に殉じる決意があるのに対し、諸君は立身出世をするつもりであることだ」

松陰は、自分が幕府指弾の先駆者であり、それは国家や社会に対する忠義に殉じるという心があるからだ、と傲慢とも思われる自己評価を下している。

それは、ある意味では異常者による狂気の叫びにも似ている。この狂気の叫びは、やがて松下村塾の門下生をなりふり構わない殺戮という狂気の行動に駆り立てていく。

幕府は、松陰を江戸に送るよう長州藩に命じてきた。軽い容疑であったが、松陰は、幕府が全く知らなかった老中の間部詮勝《まなべあきかつ》を要撃する計画があったことを打ち明けた。

これは腹に偽りを持たないという松陰の純真な信念の発露と見ることもできるが（「薩

長史観」では、これも松陰の至誠の発現だとして顕彰している）、自訴によって斬首されたのであるから、自爆することで後に続く者への手本を示したことになる。

井伊直弼《なおすけ》が桜田門外で水戸藩士によって殺害されると、水戸藩士と長州の桂小五郎（木戸孝允《たかよし》）による攘夷《じょうい》実行と条約破棄の密約「丙辰丸盟約《へいしんまる》」が結ばれた。そして「安藤老中は和宮《かずのみや》を降嫁させたあとに、天皇を廃止することを考えている」という噂が流され、天皇と朝廷を守るための尊皇思想が攘夷と重なるようになる。

井伊大老が暗殺された二年後の文久二年（一八六二）一月、老中の安藤信正が、江戸城に登城する途中の坂下門で水戸浪士ら六人によって襲撃されて負傷した。

実行犯の背後には長州の伊藤俊輔（博文）がいたといわれるが、その伊藤は、山尾庸三《ようぞう》と同年十二月に国学者の塙《はなわ》次郎ほか一名を殺害している。塙が安藤老中の命を受けて廃帝の古事を調査しているという噂を真に受けてのことである。明治の元勲で、初代の内閣総理大臣となる伊藤博文は暗殺者であった。この前後から「暗殺の季節」といわれるものが始まる。

井伊が暗殺される前年の安政六年（一八五九）七月には、横浜でロシア船員二人が水戸浪士によって殺害されていた。翌万延元年二月には、同じ横浜でオランダ商船長ら二人が斬殺されている。桜田門外の変の九カ月後、今度はアメリカ公使館通訳のヒュースケンが、アメリカ公使館になっている麻布善福寺近くの中の橋で数人の浪士に襲われて絶命した。犯人の一人は薩摩の伊牟田尚平《いむたしょうへい》といわれている。

この殺害の五カ月前の七月、イギリス公使のオールコックが富士山に登山している。富士山は古来、日本の霊峰として信仰の対象になっていた。そのため、異人が霊峰富士を犯した、と激怒する声があがり、品川にあるイギリス公使館の焼き討ちとなる。それは長州の高杉晋作、久坂玄瑞、伊藤博文、井上馨《かおる》、品川弥二郎ら十二名が実行している。

「薩長史観」では、こうした暗殺や襲撃について口をつぐむ傾向にあるが、彼ら実行者は明らかに犯罪者であった。外国人を標的にしたテロリストだったのだ。

吉田松陰は、教育者というよりは、怒りの心を門弟たちに燃え移らせる暴力の扇動家であった。今日風にいえば、イスラム過激主義者の自爆テロのアジテーターであったということができる。それは、多くの犠牲者を出して、多くの混乱と悲しみを生み出すだけのものでしかない。今日でも、吉田松陰は優れた教育者であったと思われて信奉されているが、教育が暗殺や武力による行動を認めるということなどありえない。

しかも松陰は、朝鮮や満州、台湾、ルソン（フィリピン）の諸島まで攻め取って日本に帰属させるべきだと説いている。これは明治政府が行なった侵略そのものであるから、松陰は、日本を侵略行為に駆り立てたアジテーターでもあったのだ。

薩長史観④

西郷隆盛は、「敬天愛人《けいてんあいじん》」を掲げ、「無私の心」で明治維新を成しとげた最大の功労者である

真相

西郷隆盛は、僧侶を殺し、江戸を混乱させ、同調者を見殺しにした無定見な武闘派の策謀家だ

「私事、土中の死骨にて忍ぶべからざる儀を忍びまかりあり候《そうろう》次第……、天地に恥ずかしき儀の御座候えども、今更になり候ては、皇国の為にしばらく生をむさぼり居り候」（長岡監物宛の西郷隆盛の書簡）――私は一旦は死んだ身であり、土の中の死骨であり、天地にその恥を忍んでいるのであるが、今しばらくは皇国のために命を長らえている――

西郷隆盛は、自分を「土中の死骨」と語り、恥ずべき人間であるといっている。そんな西郷を勝海舟は、「おれは、今までに天下に恐ろしいものを二人見た。それは横井小楠《しょうなん》と西郷南洲《なんしゅう》（隆盛）だ」と、熊本藩士で改革を推進した横井とともに称えている。

勝海舟としては、西郷と会見して江戸城を無血開城させて江戸を戦火から救ったことから、西郷の度量の大きさを称えることで自分を誇示したのであるが、はたして西郷は傑出した人物であったのであろうか。

後に詳しく触れるが、平和的な政権交代である大政奉還がなされた「慶応維新」の後、何が何でも徳川幕府を武力で打倒し解体したい薩長は、朝廷の小御所《こごしょ》会議で強硬に出た（108ページ）。西郷は、反対する大名に対して「短刀一本あれば片がつく」と豪語して、会議を討幕の方向へ誘導している。また薩摩藩士や下総《しもうさ》の郷士である相楽《さがら》総三らに命令して、江戸市中を騒擾《そうじょう》化させ、江戸城に放火させることで、幕府軍を怒らせて鳥羽・伏見の戦いに導いている。のちに赤報隊《せきほうたい》の相楽総三は偽官軍とされて断罪されている。しかも西郷は、新政権で不遇にされると西南戦争を起して数多くの人命を犠牲にしている。

そんな西郷は、「薩長史観」では維新の最大の功績者として「大西郷」「大南洲」といわれて賛美されている。だが、「土中の死骨」と語ったように西郷の心の中には、自虐と羞恥と破滅といった屈折した思いが渦巻いていた。そのような人間であっても、葛藤を克服して「敬天愛人」を座右の銘にしたのであれば、それは挫折からの再生として評価されよう。だが西郷は暴力と策略で幕府を倒して新政権を築いたのであるから、おかしいことになる。

西郷の暴力的な屈折は、三十二歳のときに自ら引き起こした殺人ともいえる心中事件から始まる。安政五年（一八五八）十一月十五日の夜半、西郷は京都清水寺成就院の月照《げっしょう》という四十六歳の僧侶と鹿児島の錦江湾で入水《じゅすい》を図った。

月照は絶命し、西郷は生死の境をさまよった末に生き残った。「薩長史観」では、西郷の偉大とされる業績の前に、この入水は語るに値しないと見ているようであるが、西郷の心には深い悔恨が残っていたのである。

また、この入水は合意のうえであったとされているが、維新後に西郷の述懐を聞いた人の話では、月照が舳先《へさき》で小便をしているとき、いきなり後ろから抱きかかえて海に飛び込んだという。入水は合意ではなく、西郷による無理心中ということになるが、西郷が生き残っているから、殺人ということになる。

事件後、薩摩藩は、幕府の目を避けるために奄美大島に潜伏を命じた。そこで島流しにされていた重野安繹《やすつぐ》に、「和尚独り死なして自分独り死に損ない、活きて居るのは残念至極だ」と歯を噛み涙を流して語っている。

西郷と月照との関係は、わずか一年ほどである。清水寺の僧侶であった月照は、そこを祈願所とする薩摩藩や水戸藩、長州藩とも親しい関係にあった。さらに摂関家の近衛家も清水寺を祈祷所としており、右大臣の近衛忠熙《ただひろ》とも懇意である。

しかも近衛家は、薩摩の島津一門の娘を養女として、十三代将軍の徳川家定の正室に入れており、きわめて緊密な関係にあった。島津斉彬《なりあきら》は、薩摩藩の威光を高め、幕府を改革するために、近衛家を通じて朝廷と孝明天皇を動かそうとした。その役目に任じられたのが西郷である。

西郷は月照から、朝廷の意向にそった幕政の改革と人事を求める密書を水戸藩に届けるよう依頼されたが、その内容が洩れるに及んで二人は、幕吏から追われることになる。月照は探索の目を逃れて、鹿児島にいる西郷のもとにやってきたが、斉彬の死後、藩の実権を握った島津久光《ひさみつ》は、斉彬に可愛がられた西郷を冷視して、月照の保護を拒絶し、あまつさえ「東目《ひがしめ》送りにせよ」と命じた。これは、日向《ひゅうが》（宮崎）との国境で斬り捨てよという処刑命令である。月照は、東目送りにされるとは知らずに錦江湾を船で渡る途中、西郷によって命を絶たれたのである。

西郷は明治維新を成しとげた第一人者とされるが、それは数多くの人命を奪ったもので、その嚆矢《こうし》が月照であった。

薩長史観⑤

真相

薩摩の島津久光《ひさみつ》が起した「寺田屋騒動」と「生麦《なまむぎ》事件」は正当な対処である

島津久光は上洛して自国藩士を殺害し、軍事力の威圧で幕府を脅して殺人をはびこらせた

幕末の「暗殺の季節」は、はじめは「攘夷《じょうい》」を正当化するために外国人を対象としていたが、やがて「天誅《てんちゅう》」という天道さえも恐れるような殺戮が京都において「政敵」に向けられた。それを公然と行なったのが、薩摩藩の島津久光である。

島津久光は、子の忠義《ただよし》を藩主につけ、その後見役となって藩の実権を握った。久光の野

望は前藩主の斉彬《なりあきら》を踏襲したもので、軍事力を背景にして朝廷を支え、幕政を改革し公武合体を進めることで一挙に中央政界に乗り出すことである。

幕政の改革は、安政の大獄で冷や飯を食わされている松平春嶽を大老にし、一橋慶喜《よしのぶ》を将軍の後見役につけることで、朝廷が主張する攘夷を行なうというものである。そのため公武合体は、どちらかといえば朝廷に軸足を置いたもので、当然ながら尊皇攘夷を叫ぶ人たちには久光の評判は高かった。

一方、長州藩は、こうした薩摩の動きに遅れてはならないとばかりに水戸藩と結んで、攘夷に及び腰な幕府の姿勢を変えさせようとした。だが、長州藩主の毛利慶親《よしちか》の信頼があつい長井雅楽《うた》は、「条約を破棄し攘夷を行なうことはできない。むしろ開国して交易を行なって日本を富ませ、世界を圧倒すべきだ」という航海遠略策を説いて、これが藩の方針として決定されていた。これは幕府の方向性と軌を一《いつ》にするもので、この時点で長州は「まとも」であったのだ。これに対して攘夷の急先鋒となる久坂玄瑞《くさかげんずい》らは怒った。

「攘夷ができない幕府に代わって、朝廷が政権の主役となるべきだ」と主張し、攘夷派の支持を受けた。しかも、薩摩の島津久光が京都に上り、さらに江戸に行って幕政を改革すると聞いて、長州の攘夷派はあせった。「長州の手で尊皇攘夷をはたす」と薩摩への対抗意識を燃やした。

この藩意識は明治になっても続き、不毛な政治体質をつくることになる。かくて長井雅楽は久坂玄瑞らの画策で失脚する。長井は急変した藩論を批判して、壮絶な切腹を遂げている。

島津久光は藩兵千人余を率いて、文久二年（一八六二）四月に京都に入った。これを待ち受けていたのが、

「攘夷をやらない幕府を倒して、朝廷が政権を樹立すべきだ」

という、薩摩の有馬新七を首領とする倒幕過激派である。久光は、倒幕挙兵を叫ぶ有馬らに不快感を持っていた。彼らに理解を寄せると疑われた西郷隆盛は、再び流罪にされている。

有馬新七らが、幕府に近い関白の九条尚忠《ひさただ》と、京都所司代の酒井忠義《ただあき》を血祭りに上げて、倒幕のノロシを上げることを知った久光は、大久保一蔵（利通《としみち》）をやって懐柔した。だが、有馬らは、伏見の寺田屋に集まって挙兵を決行しようとした。久光は大山格之助（綱良《つなよし》）ら九人の藩士を選んで寺田屋に送り、「説得に応じなかったら、上意討ちにせよ」と命じた。

かくして薩摩藩士同士で激闘が始まり、有馬ら六名は闘死、二名が自刃する。この寺田屋騒動は、藩の実権者が反対する者を公然と粛清したもので、その後の薩摩による反対者

に対する武闘や暗殺の道を開くことになる。

久光は、江戸に上って、松平春嶽を大老と同じ地位の政事総裁職につけ、一橋慶喜を将軍後見役にすると、意気揚々と帰路についた。その途中、神奈川近くの生麦で、行列を犯したとして、イギリス人のリチャードソンを斬り殺し、二人に負傷を負わせた。「生麦事件」である。国際的に見れば、許されない暴挙である。

これで薩摩は攘夷を果たしたと見なされるが、幕府に十万ポンド（二十四万両）を支払わせて尻拭いをさせている。自己責任を取らない薩摩藩の姿勢は、そのまま傍若無人な藩の風土となって、戊辰《ぼしん》戦争の血にまみれた混乱を生み出す。

薩摩は、犯人の処刑を要求するイギリスと薩英戦争を引き起し、圧倒的な軍事力にさらされて攘夷の無謀を知ることになると「薩長史観」では説かれているが、何のことはない、ただ攘夷の旗を降ろすきっかけを得たに過ぎなかったのである。これは長州にもいえることで、連合国艦隊による「下関戦争」で攘夷の無謀さを知ったという同じ論法だ。

薩長は、攘夷はできずに開国しか道はないと知りながら、幕府を倒すために口実で攘夷を叫んでいた。そして攘夷の旗を失った薩長は、尊皇を強力に打ち出すことで、討幕と自己の正当化を図った。天皇を尊崇していないにもかかわらず、王政復古を唱え、天皇親政を打ち出すことで、新政府の立場を正当化しようとしたのである。

薩長史観⑥

真相

「尊皇攘夷《じょうい》」は孝明天皇の真意で、それを実行した薩長は誇りある忠臣である

薩長は天皇を「玉《ぎょく》」と見立てて、これを利用するため奪い合う醜悪な抗争を繰り広げた

幕末の争乱は、江戸から京都に移っていく。

それは、徳川将軍と幕府から、天皇と朝廷に政治の重心が移行することを意味した。

薩長の攘夷派は、攘夷で幕府を揺さぶり、しかも尊皇を打ち立てることで、より強く倒幕から武力による討幕の策謀をめぐらせるようになる。

そのため薩長が持ち上げたのが、孝明天皇の存在であった。孝明天皇は根っからの外国嫌いで、外国人や異文化が日本に入ってくれば、必ず災禍《さいか》がもたらされると信じて疑わなかった。外国船が日本に来ないように七社七寺に対して祈祷させる一方、幕府に対して「海防を厳重にせよ」という勅書《ちょくしょ》を下している。

天皇がこうした外国排除を祈願したのは、鎌倉時代の元《げん》（蒙古）による二度の元寇《げんこう》以来のことであり、しかも幕府に外交的な政策を指示したのは前代未聞のことである。

こうした天皇の個人的な思いから出された勅書は、やがて攘夷論者にとっては大きな支えとなり、天皇と朝廷の存在が次第に高まっていく。

薩長は、水戸学が説く日本の伝統的な精神文化に立つ天皇の神聖な存在と、攘夷の意向に目をつけた。だが、孝明天皇の考えは、あくまでも将軍と幕府を信頼し、それが政治の主体であるとするものであるが、外国勢力は排除するという、「佐幕《さばく》攘夷」の立場であった。

水戸藩や薩長は、「尊皇攘夷」を唱えるようになるが、天皇自身は「佐幕攘夷」である。攘夷では同じであるが、尊皇か佐幕かで全く逆の立場に立っていた。このネジレが幕末の混乱をいっそう深めることになる。孝明天皇は、仁孝《にんこう》天皇の第四皇子で、母は新待賢門院《しんたいけんもんいん》雅子《なおこ》、典侍《てんじ》の中山慶子《よしこ》との間に明治天皇をもうけている。

「開港はこれを許容すべからず。洋夷《ようい》もし強要せば、干戈《かんか》また敢《あ》えて辞せず」を表明していたが、しだいに攘夷の無謀さと開国の必要性を理解していくようになる。

「公武合体」の象徴として和宮《かずのみや》が降嫁するさい、幕府に攘夷を約束させた朝廷は、その実行を迫るために勅使として公家の大原重徳《しげとみ》を江戸に派遣した。薩摩の島津久光《ひさみつ》と千人余の薩摩兵は、勅使を護衛するという名目で江戸に向かう。久光は薩摩藩主ではなく、まったくの無位無官の私人である。この久光の行動自体が、すでに前代未聞で、幕令に違反している。生麦《なまむぎ》事件を起す前のことである。

久光は、公武合体論者で薩摩藩の威光を高揚しようとした人で、のちに、「討幕は西郷隆盛が勝手にしたこと」と公言することになる。

勅使の大原重徳は、以前の勅使のように時候の挨拶に来たわけではない。幕府に攘夷問題を解決させるための条件を突きつけた。

それは、「将軍家茂《いえもち》を上洛させ、朝廷と攘夷問題を話し合うこと」「薩摩の島津、長州の毛利、土佐の山内、金沢の前田、宇和島の伊達を五大老格に任じること」「一橋慶喜《よしのぶ》を将軍後見職に、松平春嶽を政事総裁職につけて幕政を運営せよ」というのが、勅旨の内容である。

幕府の人事に朝廷が口出ししたのは初めてのことであり、最後のような人事項目を幕府が受け入れたのも初めてである。

これに勢いづいたのが薩摩であり、京都にたむろする攘夷派である。「幕府なにするものぞ。天皇を奉じて攘夷を断行するぞ」と尊皇攘夷の気勢を上げた。

この時点で、尊皇攘夷に「倒幕」が加わるようになる。

だが、倒幕といっても明確な展望があったわけではない。そこで狙われたのが公武合体で活躍した公家で、とくに和宮の降嫁に動いた人物である。九条家家士の島田左近《さこん》が天誅《てんちゅう》という名のもとで殺害されて、首が四条河原に晒《さら》された。

これ以降、天誅の嵐が吹きすさぶわけであるが、それに拍車をかけたのが、長州藩主の毛利慶親《よしちか》（敬親《たかちか》）である。毛利慶親は、島津久光が江戸に行っている間に京都に入り、朝廷に乗り込んで盛んに攘夷を説いた。

もともとは攘夷であった朝廷では、公武合体派が大きく後退して、現実離れした攘夷論が再び台頭する。そして過激な攘夷派が天誅を叫んで暴虐の限りを尽くすようになる。

薩摩の公武合体に対して、長州は天皇の真意と詐称して尊皇攘夷に立ったわけで、ここに薩摩と長州の鞘当《さやあて》がはじまり、藩閥による不毛な対立が生じる。

そして天皇を「玉」に見立てて、それを奪い合うことで、自藩の優位を保とうとする醜悪な抗争をくり返すのである。

薩長史観⑦

京都で横行した「天誅《てんちゅう》」は、不正義な守旧派の態度を諫《いさ》めるためであった

真相

「天誅」は薩長の意向にそった無謀な殺戮で、幕府を弱体化させる意図があった

幕府は、安政の大獄で断罪された人びとの罪を許した。幕府が井伊直弼《なおすけ》の処置を公然と否定したのである。それは幕府に非があったことを認めたものである。幕府の自壊が進んでいく。

幕府の弱腰に敏感に反応したのが、攘夷《じょうい》派の連中で、たとえば長州の高杉晋作《しんさく》などは

伊藤俊輔（博文）と、師匠の吉田松陰が葬られる千住の回向院で遺骨を掘り出し、それを抱えて上野の三枚橋で将軍しか通れない中央のお成り橋を堂々と渡ったと自慢している。

さらに箱根の関所を駕籠《かご》に乗ったまま通過したり、京都にやってきた将軍家茂《いえもち》の行列に向かって「いよっ、征夷大将軍」と大声で叫んだという。これはいずれも高杉の性格からして、ありそうなことだと見られているが、攘夷倒幕派を鼓舞するために高杉が誇張して自慢しただけで、何ら確証立てるものはない。

薩摩の島津久光《ひさみつ》や長州の毛利慶親《よしちか》が京都に乗り込んでくる文久二年（一八六二）ころから、ものすごい勢いで天誅が始まった。

そもそも天誅とは、「天」に代わって罪ある者を咎《とが》めて殺害する誅殺《ちゅうさつ》をいうが、暗殺者たちは「天」を勝手に天皇に置き換えて、天皇の意向を踏まえているとして正当化していた。だが、天皇が人命を奪えということを天命とすること自体、天皇を蔑《ないがし》ろにしていることで、彼らは尊皇といいながら、天皇の存在を軽視していたことに気づいていない。

九条家の島田左近《さこん》が殺され、四条河原に首が晒《さら》されたことは前述したが、犯人は薩摩の田中新兵衛といわれている。同じ九条家の宇郷重国《うごうしげくに》が斬殺される。さらに越後の攘夷論者の本間精一郎が、態度が大きいと同じ田中新兵衛と土佐の岡田以蔵《いぞう》によって殺害される。

安政の大獄で攘夷論者を捕縛した目明し文吉と京都町奉行所の四人の与力同心が、そろって殺される。

また井伊直弼の手足となっていた長野義言《よしこと》の愛人の村山たかが三条大橋で晒し者にされ、息子で金閣寺寺侍《てらざむらい》の多田帯刀《たてわき》が殺されている。すでに長野義言は、彦根藩によって斬首されており、彦根藩は公武合体から攘夷に転じるという変転ぶりである。穏健派であるが公武合体派と見られた知恩院宮家の深尾式部《しきぶ》が暗殺されて、穏健派の公家たちを震え上がらせた。天誅は、攘夷や尊皇などの立場を取りようもない町役人や儒学者、庄屋、油商人などにも及んでいる。

犯人として名前が取り沙汰されたのが、薩摩の中村半次郎（桐野利秋《としあき》）、肥後の河上彦斎《げんさい》、長州の大楽《だいらく》源太郎らであり、そこに、討幕攘夷の過激派で、やがて大和《やまと》で挙兵する「天誅組《てんちゅうぐみ》」というテロリスト集団まで出現する。

文久三年（一八六三）正月、一橋慶喜《よしのぶ》は京都に入った。三月に将軍家茂が入洛《にゅうらく》するまでに、京の情勢を把握しておくためである。だが、京都は攘夷熱に煮えたぎっていた。

「天皇の勅命は攘夷である。その勅命を聞かぬ幕府など倒してしまえ」

という倒幕論も盛んである。そうした火中に慶喜は飛び込んでいった。

二月一日、慶喜が宿所とする東本願寺に、白木の三方《さんぽう》に乗せられた生首が届けられた。首は賀川肇《はじめ》、公家の千種有文《ちぐさありふみ》の家臣であった。賀川は、井伊側近の長野義言と組んで、安政の大獄で暗躍した人物である。賀川は数名の浪士に襲われ、片腕は千種家へ、もう片腕は和宮《かずのみや》降嫁を進めた岩倉具視《ともみ》の家に投げ込まれ、首が慶喜に送られたのである。「攘夷の勅命を守らなければ、貴殿もこうなる」という脅迫がこめられていた。天誅で恫喝すれば、幕府が弱体化すると思っていたのである。こうした暴挙に怒った慶喜は、関白の近衛忠熙《ただひろ》に、「すべて勅命だといわれるが、こうした暴挙を天皇はご存知なのか」とただした。

孝明天皇は、攘夷は勅命したが、天誅など思ってもいない。しかも政治は幕府が行なうものだという考えを持っていて、倒幕など思いもよらない。それが天皇の命令だとして、暴虐の限りの天誅をくり返している。そんな過激な攘夷論者に担がれていたのが、三条実《さね》美《とみ》、姉小路公知《あねがこうじきんとも》らの公家である。三条実美は、長州と密接に手を結んで尊皇攘夷を唱えて勅旨を偽造したが、孝明天皇から「不埒《ふらち》な国賊の三条」となじられた。

三条は七卿落ちで長州に逃げ落ち、長州が幕府の征討軍に降伏すると太宰府に逃れ、大政奉還後に朝廷に復帰している。新政府では三職《さんしょく》の副総裁や議定などの要職につき、黒田清隆《きよたか》内閣の崩壊のさいには総理大臣を兼任するまでになっている。

天皇の名を騙《かた》った三条実美が新政府で位人臣を極めたことは、天皇親政を打ち立てた明治政府の体質を如実に語っている。

薩長史観⑧

下関戦争と薩英戦争は、薩長自らが攘夷《じょうい》の無謀さを初めて天下に示し、討幕開国の布石となった

真相

空虚な攘夷に駆り立てられた薩長は、外国との無謀な戦争で日本を危機に晒《さら》す暴挙に出た

文久三年（一八六三）五月十日、外国勢力を日本から追い払う「攘夷決行」の日である。「ただし、外国勢が攻めてきたら、打ち払え」という条件を幕府はつけた。日本のほうから戦闘を仕かけるな、と諸大名に布告したのである。いたずらに交戦すれば、武器力ではるかに劣る日本のほうが痛い目を見るばかりか、清国《しんこく》（中国）がそうであったように

外国に日本侵略の口実を与えかねない。

ところが長州藩は、そんなことには無頓着に、この日に田野浦に停泊していたアメリカ商船を攻撃した。久坂玄瑞《くさかげんずい》が独断で出撃を要請した癸亥《きがい》丸と庚申《こうしん》丸が砲撃を加えた。三発が命中したが、アメリカ商船の損害は軽微で、すぐに逃げ去った。二十三日には関門海峡を通過するフランス軍艦を、二十六日にはオランダ軍艦を、設置した砲台から砲撃した。オランダと日本は長年にわたる友好国である。それを見境もなく攻撃したのであるから、長州藩は外交の知識も持ち合わせていなかったのである。そればかりか、外国へ侵略の口実を与えかねない危険に日本を晒した。

久坂玄瑞ら攘夷派は外国船を打ち払ったと気勢を上げたが、高杉晋作《しんさく》はこの戦闘を無謀と考えていたようである。高杉は、藩の金を浪費しながら上海《シャンハイ》を視察していたから、列強国の武力の強さを知っていた。高杉は砲台にも姿を見せなかったという。

長州藩は、攘夷決行に備えて、関門海峡に向けた砲台を壇ノ浦など七カ所に設置していた。出撃した藩兵たちは、「攘夷は皇国のためであり、外国人に一発も打たなければ、天子《てんし》様に申し訳ない」と語り合っていたという。

天子様とは天皇のことである。天皇の命令であれば、命を捨てて戦うのは当然であるという考えが早くも長州に根づいており、明治になって陸軍を掌握する山県有朋《ありとも》ら長州人によって、天皇への絶対服従を説く「軍人勅諭」となり、その精神が太平洋戦争まで続く。

六月になると、攻撃された各国の報復が始まった。一日、アメリカの軍艦が下関を砲撃するためにやってきて、長州の軍艦の壬戌《じんじゅつ》丸、庚申丸を沈め、癸亥丸を大破させ、亀山砲台を破壊した。さらに五日には、フランスの軍艦が報復攻撃を行ない、二百五十人の陸戦隊が上陸して砲台を占領し、すべて破壊した。

これに危機感を抱いて結成されたのが、高杉晋作が組織した奇兵隊である。入隊には身分を問わずに誰でもが入れるというもので、その力が長州藩を支配し、討幕へと向けられる。民衆の武装を無制限に認めたことは画期的であるが、その無秩序ぶりは戊辰《ぼしん》戦争で発揮され、会津などの民衆を苦しめることになる。

攘夷決行の一年後の元治元年（一八六四）八月五日、英・米・仏・蘭の連合艦隊の猛攻撃を受けて長州はなすすべもなく降参した。下関戦争である。敵と味方の戦力を考えずに「攘夷をしなければ」という思いだけが先行した結果の敗北である。

やがて長州は、これにこりて攘夷を捨てて尊皇討幕を主張するが、どうも体質は変わらなかったようである。先述したように山県有朋は陸軍をつくるが、吉田松陰ゆずりの精神的な理念だけが先走る体質は帝国陸軍に受け継がれて、やがて太平洋戦争に突入して、多くの国民を犠牲にし、国土を焼土とする惨憺たる敗戦を招くことになる。その意味で「攘夷」を「鬼畜米英」に置きかえて突入した太平洋戦争は、下関戦争と次に触れる薩英戦争の延長上にあったのである。

一方、薩摩藩では、七月二日にキューパー提督の率いるイギリス艦隊七隻が鹿児島湾に入ってきた。長州の下関の砲台がフランス軍によって破壊されて一カ月後のことである。

イギリスは薩摩藩に対して、生麦《なまむぎ》事件の謝罪と賠償金を要求した。すでに幕府から二十四万両を支払わせているにもかかわらず、薩摩からも取ろうというのである。だが、薩摩藩は強気で交渉は難航し、黒田清隆《きよたか》らがイギリス士官を殺害して旗艦を奪う計画を立てたが失敗している。ついにイギリスが砲台へ砲撃を加えると、薩摩も砲撃しかえす。

だが、イギリス艦隊の砲撃は激しく、薩摩の砲台のすべてを大破させ、ロケット弾によって鹿児島市内の五百戸を消失させ、島津斉彬《なりあきら》が造った工場集成所を破壊している。

イギリス艦隊が二日間で砲撃をやめて引き上げると、薩摩はイギリスを追い払ったと怪気炎をあげ、薩英戦争は薩摩が勝ったと説かれるようになる。薩摩は二万五千ポンド、約七万両を支払うことで講和するが、これを機会にイギリスに接近し、攘夷をやめて開国を主張するようになる。大きな被害を出して攘夷の無謀さを悟ったというのは長州と同じ言い訳で、「薩長史観」も得意気にその正当化を図っているが、釈然としないのは攘夷の熱気に煽られた多くの人びとで、彼らは薩長によって無智の輩として棄て去られた。

薩長史観⑨

「八月十八日の政変」は、長州を潰すため会津が仕組み、薩摩はそれに乗っただけだ

真相

薩摩は主導権を握るため積極的に会津と組んで、敵視していた長州を追い払ったのである

京都では、長州と薩摩の攘夷《じょうい》決行に煽られて、「夷狄《いてき》を追い払え、赤鬼を退治せよ」と意気軒昂である。

「攘夷決行を祈願されるために孝明天皇は、大和《やまと》の神武《じんむ》天皇陵に参拝して、みずから攘夷の先頭に立たれる」と攘夷親征が打ち出され、文久三年（一八六三）八月十三日には「大

和行幸《ぎょうこう》」の詔《みことのり》が出された。もちろん、これは孝明天皇の意思ではなく、三条実美《さねとみ》や長州の久坂玄瑞《くさかげんずい》、そして真木和泉《いずみ》がでっち上げた偽の詔である。

長州は天皇の意思を踏みにじって偽の勅旨を出すことには何の抵抗もなかったようで、のちには薩摩と共に「討幕の密勅」なるものまで偽造する（96ページ）。天皇を奉《たてまつ》る尊皇といいながら、彼らは天皇の存在を軽視していた。「薩長史観」では、これについては完全に無視している。

真木和泉は、久留米の水天宮の神主で、「今楠公《いまなんこう》」、すなわち後醍醐《ごだいご》天皇を支えて建武の中興を成しとげた忠臣の楠木正成《まさしげ》の生まれ変わりといわれていた。

そんな忠臣の「今楠公」も、天皇の意にそわない偽の詔に関わっていたのである。真木の狙いは、「幕府を倒して、天皇が政権を取る」というものであるが実際は、天皇は倒幕のための手段であって、決して目的ではなかった。

こうした三条や久坂、真木に同調し、天皇が大和に行幸すると同時に討幕の兵を挙げようとしたのが、公家で十九歳の中山忠光《ただみつ》を主将とする三十余名の天誅組《てんちゅうぐみ》である。天誅組は京都で天誅という名のもとで暗殺を行なっていたが、軍事的な挙兵を実行した。大和五条の代官所を襲って、代官の首を血祭りにあげたものの、一転して、「天皇の意に背く賊徒だ」として討伐される。

中山忠光は、長州で外国船の砲撃に参加するほどの超過激な尊皇攘夷派であった。挙兵が失敗すると長州に逃れるが、そこで恭順派によって暗殺されている。忠光の父は、明治天皇の外祖父となる中山忠能《ただやす》で、岩倉具視《ともみ》と王政復古の中心人物として暗躍する。

長州中心の朝廷と攘夷親征の熱気を押さえ込んだのが薩摩である。薩摩は、「長州が朝廷の意思を支配して毛利幕府を狙っているのではないか」と疑った。そこで、孝明天皇の信頼の厚い京都守護職の松平容保《かたもり》と結んで、長州を追い払おうと考えた。

薩摩の高崎左太郎（正風《まさかぜ》）が、会津の秋月梯次郎《ていじろう》（胤永《たねなが》）と密談を重ね、「薩会同盟《さっかい》」が結ばれた。薩摩は、長州を潰すことで一気に政局の主導権を握り、あわよくば島津幕府をつくることも当然考えていた。

この時期の長州と薩摩は、尊皇攘夷といいながらも、自分たちの狭い「藩意識」の中でしか日本を考えていなかったのである。よく憂国の志士と尊皇派は賞賛されるが、その憂国は、自分の藩をどう盛り立てるかというもので、世界の中の日本という国家のあり方に対する思想は欠落していた。ここに、薩長の主導で行なわれた明治維新と、それに付随する天皇制国家の不幸があった。

薩摩は、京都で軍事力を持つ会津と組むことで、長州勢力の一掃を策した。

大和行幸は、もとより天皇の意思ではない。天皇は攘夷を考えたが、それを行なうのは幕府であって朝廷ではないと思っている。会津藩主で京都守護職の松平容保への信頼もそこにあった。天皇の意思を確かめた中川宮（朝彦親王）と前関白の近衛忠熙《ただひろ》らは「薩会同盟」と連動して、朝廷から長州寄りの公家たちの一掃を図った。

文久三年八月十八日、御所の正面の堺町門を守っていた長州藩兵は、その警護の役を解かれて薩摩藩兵がこれに代わった。三条実美ら長州寄りの公家は、御所を固める会津藩兵らによって参内《さんだい》を拒まれた。八月十八日の政変である。

堺町門の内と外では、会津兵と薩摩兵が、長州兵と睨《にら》み合い、殺気に満ちた一触即発の状態である。このとき、「長州はすみやかに京を退去せよ」という勅命が下った。さらに、「八月十八日以前の勅命は偽勅《ぎちょく》である。その日以後の勅命こそ朕《ちん》（天皇）の命令である」という孝明天皇の言葉が出された。

勅命とあれば、尊皇主義を掲げる長州は、建て前として従わざるを得ない。長州藩士は三条実美ら七人の公家を守って長州に退いた。七卿の都落ちである。

この政変によって薩摩は政局の中心となり、会津中将といわれた松平容保の名声は高まり、孝明天皇からの信任はいよいよ深くなったものの、容保には政治的野心などはない。そのため容保は、薩摩と長州の策謀に翻弄されて、五年後に薩長によって起された戊辰《ぼしん》戦争では「朝敵第一」とされるのである。

薩長史観⑩

「池田屋事件」は会津による長州潰しで、それを実行した新撰組は凶暴な殺戮集団である

真相

長州は池田屋で、京都を火の海にして御所を襲い孝明天皇を拉致《らち》する暴挙を計画した

八月十八日の政変後、島津久光《ひさみつ》は藩兵千人という大軍を率いて大坂と京都に入り、長州に代わって政局の主導権を握った。

久光は、「公武合体によって、開国貿易を行なう」という方針を確立しようとした。これに賛同する松平春嶽、山内容堂、伊達宗城《むねなり》らが京都に集まった。

これに江戸にいる一橋慶喜《よしのぶ》も呼ばれて、参与会議が運営されることになる。慶喜は、参与会議の方針である開国を支持した。さらに、「無謀な攘夷《じょうい》は朕《ちん》が好むものではない」という孝明天皇の考えを引き出している。

ところが、薩摩の主導力を恐れた幕府は、開国交易の方針を改めて、朝廷が考えている「鎖港」方針を打ち出す。これは外国に開いていた横浜などの港を閉じることで、鎖国への逆戻りである。将軍家茂《いえもち》が元治元年（一八六四）一月、再び上京して幕府の方針が鎖国に変わったと知るや、慶喜は参与会議の開国方針を否定することで参与会議は解体した。

有力大名と幕府の方針が対立してぐらついている間に、八月十八日の政変で地下に潜った尊攘派は、京都への失地回復を秘かに窺っていた。

それどころか政変の十カ月後の元治元年六月には、とんでもない計画を進めていた。京の三条木屋町の古道具屋に変身していた古高《こたか》俊太郎もその計画者の一人で、長州の間者《かんじゃ》として武器の調達を担っていた。

新撰組は、古高の存在を突きとめ、壮絶な拷問を加えた末に、長州を中心に土佐と肥後の過激派による御所襲撃という恐るべき計画をつかんだ。それによると、

「祇園祭前の風の強い夜に御所に放火する。

混乱に乗じて孝明天皇を拉致して長州に連れ去る。

急をきいて参内《さんだい》する中川宮と松平容保《かたもり》を殺害する。

同じく一橋慶喜、桑名藩主で京都所司代の松平定敬《さだあき》を殺害、ほかに佐幕《さばく》派の大名や公家も殺害する」

というものであった。

尊皇を建て前とする長州などの過激派が御所に火をつけて天皇を拉致する。

この事実は「薩長史観」では無視されて、新撰組は有能な尊皇派の志士たちを池田屋で斬殺した残忍な殺戮集団である、ということだけが取り上げられている。

古高の自白で、古道具屋の自宅から武器弾薬や放火の道具、血判書、会津兵に偽装するための「會」の文字が入った提灯《ちょうちん》が見つかった。

しかも、打ち合わせのために、六月五日の夜に三条あたりで集合するという。内偵すると三条小橋近くの池田屋と四国屋が怪しい。

新撰組局長の近藤勇は、これを京都守護職と所司代に報告して応援を頼む一方、土方歳三に二十八名をつけて四国屋に向かわせた。自分は六名を連れて三条木屋町にある池田屋に向かった。

池田屋には、長州の桂小五郎（木戸孝允《たかよし》）、吉田稔麿《としまろ》、杉山松介、肥後の宮部鼎蔵《ていぞう》、土佐の北添佶麿《きつま》、望月亀弥太ら、およそ三十人が集合していた。

新撰組は会津藩兵と一緒に襲撃する手はずであったが、なぜか会津兵は来ない。しびれをきらした近藤は、わずか六人で池田屋に突入して激闘を展開した。

やがて四国屋には誰もいないと分かった土方勢が池田屋に駆けつけ、会津兵が応援にやってきたのは、死闘が終わりかけたときである。

この戦いで吉田稔麿、宮部鼎蔵ら七人が討死、二十三名が逮捕された。

桂小五郎は、早く来すぎたのでいったん帰ったために難をまぬがれている。

桂は、吉田松陰の門下生だけあって血気盛んであった。改名して木戸孝允となり、西郷隆盛、大久保利通《としみち》と明治維新の三傑といわれるが、御所の放火と天皇の拉致計画に参加していたのである。このことも「薩長史観」では口を拭っている。

長州は近藤勇を憎み続けて、のちに投降してきた近藤を江戸の板橋で斬首し、その首をわざわざ京都に送って晒《さら》し首にした。

さらにいえば、薩長などの「官軍」の死者は靖国神社に祀られるが、彼らに敵対した者は賊軍として打ち棄てられている。

その処置は、「怨親平等《おんしんびょうどう》」といって敵味方であっても共に供養してきた古来の日本人の美徳を否定するものである。敵になったものを徹底的に憎み、絶滅させる。ここにも明治政府の、日本本来の伝統からかけ離れた独善的な性質が見られる。

薩長史観⑪

「禁門《きんもん》の変」で長州と薩摩は戦ったが、いずれも尊皇のためであった

真相

「禁門の変」は、長州が天皇に刃《やいば》を向けたもので、尊皇主義を踏みにじる許されない行為である

池田屋事件（前節）に激怒したのが、長州である。京都を追い払われて十カ月、もう幕府のやり方には我慢がならないと京都に向けて出陣した。これは突発的な行動ではなく、綿密に計画されたものである。まず来島《きじま》又兵衛が先発し、ついで家老の福原越後《えちご》、国司信濃《くにししなの》、益田右衛門介《うえもんのすけ》が藩兵を率いて上洛する。これに久坂玄瑞《くさかげんずい》、真木和泉《いずみ》らの過激派が加

わり、さらに京に潜伏していた者たちが合流した。総数は約三千二百余人。

彼らは山崎、伏見、嵯峨に陣取り、「毛利藩主親子の無実を認め、京を追われた三条実美《さねとみ》ら七卿を許してほしい」と願い出た。聞き入れられなければ、武力で朝廷を支配しようというものである。

七月十八日の夜、嵯峨にいた国司信濃と来島又兵衛が率いる部隊が御所を目指して進軍し、さらに山崎と伏見からも長州勢が京に入った。翌十九日の早朝、御所を取り巻く戦闘が始まった。蛤《はまぐり》御門《ごもん》の変、あるいは禁裏《きんり》の御門で激しい戦闘が行なわれたので禁門の変ともいう。

この事態に京都守護職の松平容保《かたもり》は病気を押して参内《さんだい》、孝明天皇の前にひれ伏して、「誓って玉体《ぎょくたい》（天皇の体）を守護し奉る《たてまつ》」と奏上している。一橋慶喜《よしのぶ》も駆けつけて、恐怖に震える天皇の身辺を固めた。会津と薩摩、桑名の藩兵が御所を守って、長州勢を迎え撃つ。長州勢は中立売門《なかだちうりもん》から蛤御門に殺到した。

これを防いだのが会津と薩摩である。薩摩軍の中核には西郷隆盛がいて、攻撃の指揮にあたっていた。長州兵が公家屋敷に入って抗戦したため、慶喜はこれに火をかけさせた。

兵火は、蛤御門の周辺が激戦になったために、延焼するにまかせた。そのため十九日と二十日、さらに二十一日まで火災は続き、二万八千戸を焼失、二百五十三の寺社と公家屋敷十八、武家屋敷五十一が焼け落ちるという大惨事になった。

この大火災は、長州勢の無謀な御所襲撃によって生じたものであるが、京都の人からは幕府と会津が逆恨みされた。このときの兵火は、六角獄舎にも迫った。ここは安政の大獄以来、政治犯の獄舎になっていた。平野国臣《くにおみ》や古高《こたか》俊太郎など生野事件や天誅組《てんちゅうぐみ》、池田屋で捕縛された者たちがいた。これらの国事犯を解き放てば虎を野に放つものだと、京都町奉行の滝川具挙《ともたか》は考えて、「破獄を企てた」として三十三名を殺害した。それを知った松平容保は「不正義だ」とひどく叱ったという。

いずれにしても、天皇が住む御所に攻撃を加えたのは、日本の歴史上初めてのことであった。それを行なったのが「尊皇」を叫ぶ長州である。朝廷が長州を「朝敵」として、征討を命じたのは当然のことである。

来島又兵衛は長州兵を率いて蛤御門に殺到、そこで激戦となるが、西郷隆盛の指揮で撃退され、来島ら多くの長州兵が戦死する。

久坂玄瑞は、もはやこれまでと、前関白の鷹司輔熙《たかつかさすけひろ》の屋敷前で切腹した。久坂は、吉田松陰が松下村塾の門下生の中では飛びぬけた英傑だと評価し、妹の文《ふみ》を嫁がせていたほどである。彼は謹厳実直と思われて高い名望を得ていたが、京都島原の芸妓の辰《たつ》野《じ》にのめりこんでいた。

そういえば、薩長の志士といわれる人たちで共通するのは、女好きであったということである。高杉晋作《しんさく》しかり、桂小五郎しかりである。西郷隆盛や大久保利通《としみち》も負けてはいない。大久保利通も無口で実直そうであるが、なかなかの女好きで、祇園一力《いちりき》のお勇を囲って、子どもをもうけたという。討幕のシンボルとなった赤地の錦に日月を描いた天皇の旗と称する「錦《にしき》の御旗《みはた》」は、岩倉具視《ともみ》の知恵袋となる国学者の玉松操《みさお》の草案であるが、その材料となる西陣織を買いに行ったのが、このお勇である。大久保はこれを長州の品川弥二郎に渡し、品川が長州に戻って作らせたのが「錦の御旗」で、これが鳥羽・伏見の戦いで翻った。薩長と幕府の戦いは決して出会いがしらの突発的なものではなく、薩長によって前々から仕組まれていたのである。

話がそれたが、京都から退去した真木和泉は、二百名ほどと山崎の天王山に戻った。長州の宍戸九郎兵衛が長州に退いて再起を図るべきだと説いたが、血をもって禁門を穢《けが》した罪は重いと拒んだ。そこへ新撰組と会津兵が押し寄せて激闘がくり返された末に、真木は切腹した。真木和泉は江戸や水戸に遊学して、尊皇の水戸学に心酔したが、なぜか天皇に刃を向けるという矛盾に気づきながらも長州と行動を共にするという愚を犯した。

天王山には米千俵と金三千両の軍資金があり、大坂の長州藩邸には四千八百石の米が用意されていたというから、計画的な軍事行動が考えられていたのである。

薩長史観⑫

真相

西郷隆盛は、無能な幕府と日本の行く末を考えて倒幕に踏み切った

勝海舟から、幕府に代わる連合政権をつくる構想を聞かされて初めて西郷は目ざめた

孝明天皇は、ついに長州藩を討つことを一橋慶喜《よしのぶ》に命じた。

これに応じた幕府は西国二十一藩に出兵を命じ、総監に元尾張藩主の徳川慶勝《よしかつ》が任命された。

長州征討軍の総参謀長になったのが、薩摩の西郷隆盛である。西郷は、禁門《きんもん》の変の奮闘

で一躍注目されていた。西郷は逆賊の長州を潰して、薩摩の立場を強化したいという愛藩意識に燃えていた。

そんな西郷の前に現われたのが、軍艦奉行になっていた勝海舟である。

のちに二人は江戸城明け渡しで会談するが、その三年半前に大坂の宿舎で初対面している。

このとき勝は、神戸海軍操練所で海軍を育成していた。その下には、坂本龍馬を塾頭とする私塾となる海軍塾があった。

勝は、軍艦奉行という要職にありながら、西郷にこう説いた。

「今の日本は国内で争うときではない。幕府には、もはや日本をまとめる力はないから、幕府に頼っていては、とんでもないことになる。幕府に代わって、雄藩諸侯による合議制の連合政権をつくるべきだ」

これには西郷は仰天した。

薩摩という狭い藩意識に立って日本を考えていた西郷は、

「幕府に代わって、有力大名による連合政府をつくるしかない」

という意見が幕臣から出るとは考えてもいなかった。西郷が考えてもいなかったことである。

この意見は、大久保忠寛《ただひろ》（一翁）がすでに説いていたものである。大久保はそれを幕府内で提言していたのに反して、勝は部外者の西郷に説いたところに違いがある。

それは討幕を煽るものだと思われても仕方のないものである。

のちに勝は旧幕臣から「薩長の犬」「二股膏薬《ごうやく》」「徳川を売った男」「大逆臣」などと罵《ののし》られるようになるが、誰彼となく自分の考えをひけらかして自慢して得意になっていたことから、こうした雑言が浴びせられたのである。

勝海舟は、幕末から維新にかけて、時代を動かす原動力の一人であったことは確かである。最後まで、国内戦争はすべきではないという和平派であった。勝の弟子となる坂本龍馬も同じ立場であった。

それにもかかわらず、これから戦争する総参謀長を相手に「幕府はもうだめだ」と討幕を示唆するようなことをぶち上げて、その相手がのちに幕府を倒す最前線に立ったのであるから、勝の言動はおかしいことになる。

まして勝は、固辞し続けたというが、たびたび海軍卿などの新政府の要職に就いたことは、自分を高く売り込むことが上手な人であったと思われても仕方がない。

この対面で凡庸さをさらけ出したのが、西郷隆盛である。西郷は大久保利通《としみち》への手紙で、勝をこう評している。

「まことに驚いた人物だ。話を聞いて頭がさがった。英雄肌の人で、学問と見識においては佐久間象山より優れている。勝先生にひどく惚れた」

つまり西郷は、それまで薩摩藩のことだけを考えて、日本の政治全体を考えることがなかったことを白状している。

西郷は、人から話を聞いて頷くと、ようやく腰を上げるような人であった。

鷹揚《おうよう》といえばそれまでであるが、自分の考えはなく、人の意見に動かされるという平凡な人物であった。

それは、部下たちから突き上げられて、ようやく挙兵に賛同して、しぶしぶ腰を上げた西南戦争を見ても分かる。

勝との対面をきっかけに西郷は、日本の将来を考えるようになり、討幕を視野に入れることになると「薩長史観」ではいわれているが、それは西郷の凡庸さを如実に物語っていることに気づいていない。

このとき、幕府から覚えめでたくないと自覚する勝は、坂本龍馬ら海軍塾生たちの行く末を西郷に頼んでいる。

このことからしても勝は、討幕の道筋を吹き込むことで西郷の野望を駆り立てようとしたと見ることができる。

薩長史観⑬

第一次長州征討は幕府の無能さを露呈させ、討幕への意気を大いに高めた

真相

天皇に刃《やいば》を向けて朝敵となった長州は、幕府軍の前にひれ伏して恭順を誓った

禁門《きんもん》の変で敗退した長州藩には、朝廷から征討命令が下される。時を同じくして英・米・仏・蘭の四国連合艦隊十七隻が、関門海峡に現われた。一年前の攘夷《じょうい》実行で米・仏・蘭に加えた砲撃についての謝罪と賠償金を求めるためである。これが拒否されると、一斉に砲撃を始めた。下関戦争である。長州の砲台は破壊され、二千人の陸戦隊が上陸して茶臼

山を占拠するに及んで長州藩は降伏を申し出た。

このとき講和の席に送り込まれたのが高杉晋作《しんさく》で、ロンドンから急いで帰国した伊藤俊輔（博文）、井上聞多《もんた》（馨《かおる》）が同行して、長州藩の責任者というふれこみでイギリス軍艦に乗り込んで交渉した。

連合艦隊側は、色々な条件を出したが、その中には、彦島を百年間ほど租借地にしたいというものがあったという。それを長州が了解していたら、彦島はちょうど中国の香港《ホンコン》のように支配され、日本侵略の拠点にされていたであろう。長州の独りよがりな行動で、日本はそのような危機に晒《さら》されたのである。

これは、上海《シャンハイ》を視察していた高杉が拒否したようで、三百万ドルの賠償金を支払うことで講和が成立した。その支払いは長州ではなく幕府に要求するものであったから、勝手に戦争を仕かけた長州には何の痛痒もない。幕府は支払いに応じて長州の尻拭いをしたのであるが、これが幕府の弱腰と思われて、いよいよ弱体化していく。

だが長州藩は、三十五藩十五万人の征討軍の進撃を前にして震え上がった。四国連合艦隊にやられたうえに、征討軍が来る。藩内の俗論派といわれる佐幕《さばく》守旧派は、攘夷から討幕に変わった正義派を粛清する。もっとも、俗論派とか正義派という呼称は、のちに長州藩を支配する高杉晋作あたりが名づけたもので、いかに自分たちが正義を貫徹したかを誇ろうというものである。

長州藩は征討軍が提示した講和条件、すなわち藩主親子の蟄居謹慎、京都に出兵した福原越後《えちご》、国司信濃《くにししなの》、益田右衛門介《うえもんのすけ》の三人の家老の首を斬って総督となる徳川慶勝《よしかつ》のもとに送ること、数名の参謀を斬罪に処することを受け入れ謝罪し降伏した。

このとき征討軍総督の徳川慶勝が専断で征討を中止して軍をひきあげたといわれているが、その背後には総参謀長となる西郷隆盛の意向があった。

それは、長州藩を徹底的に制圧するのではなく、むしろ処置を穏便にすませたいというものである。薩摩藩の立場から長州の横暴を憎んでいたはずの西郷は、勝海舟の提言が効いていたのか、このときすでに、長州と手を組んで幕府を倒す、という思惑があったのかもしれない。

長州は、西郷隆盛の穏便な処置に秘かに感謝したようである。だが、藩内は俗論派が支配して、特に松下村塾の吉田松陰に影響を受けた過激派が弾圧された。高杉は小倉に逃げ、桂小五郎（木戸孝允《たかよし》）も隠れたままで、伊藤俊輔（博文）はお梅という芸者を伴って別府に逃げた。残った井上聞多（馨）は俗論派に襲われて滅多やたらに斬られたが命は助かっている。

萩にいた奇兵隊や遊撃隊、力士隊などは城下を追い出された。その連中が、長府の功山寺にいた三条実美《さねとみ》の元に集まってきた。そこに高杉も参じて、「これから長州男児の肝っ玉をお見せします」と叫んで、雪の降りしきる門前に並んだ遊撃隊、力士隊の六十余名に出撃命令を下した。高杉がつくった奇兵隊では、隊長の赤根武人《たけと》を追い払った副隊長の山県狂介（有朋《ありとも》）が高杉に同調した。

高杉らは下関の代官所を襲撃して、三隻の船を奪い、萩に向けて進撃、ついに藩主の親書を手に入れて俗論派の藩論を反覆させて、藩の実権を握った。

これらの行動を「薩長史観」では「維新回天」と高く讃えているが、単なる藩内の内紛劇でしかなかった。維新回天となるには、薩摩と手を組む「薩長同盟」を待たなければならなかった。

ところが、いつの間にか長州では、「攘夷」という叫び声は鳴りを潜めるようになる。四国連合艦隊の力に怖気づき、高杉が「もう攘夷は時代遅れだ。攘夷をするためには、開国して西洋文明を受け入れ、国力を強くしてから攘夷をすべきだ」と分かったようで分からない理屈をこねて不満を抑えた。

攘夷に代わって、天皇や朝廷に刃向かったのも忘れて尊皇が声高に叫ばれる。攘夷といい、尊皇といい、その時どきの状勢によって藩論を巧みに都合よく変化させたのが、長州の歪んだ特徴である。

薩長史観⑭

真相

「薩長同盟」の成立で、維新回天と日本の新しい道が開けた

「薩長同盟」は藩同士の私的な軍事的盟約で、そこには何の日本の展望もなかった

元治二年（一八六五）は、その四月で慶応元年となるが、慶応の四年間は混乱と波乱と血にまみれた激動の時代となる。

長州を再び征討しようと将軍家茂《いえもち》が大坂城に入ったものの、薩摩をはじめ諸藩のやる気のない気運が強く、四カ月も動きが取れない。

長州を再征討すべし、という勅書《ちょくしょ》が出たのは、年が明けた慶応二年四月であるが、あれほど長州征討を唱えていた薩摩の動きがおかしくなった。

それというのも、この年の正月二十一日に薩摩と長州は、坂本龍馬の仲介で「薩長同盟」の密約を結んだからである。それ以前に、土佐の中岡慎太郎と土方久元《ひさもと》が長州と薩摩を結び付けようとして、桂小五郎を下関に引き出していた。そこに姿を見せたのが坂本龍馬である。下関に薩摩の西郷隆盛は現われず、京都に向かった西郷を桂と品川弥二郎が秘かに追いかけて薩摩藩邸に入る。

品川弥二郎は、桂と同じく吉田松陰の松下村塾の門下生で、偽造となる「錦《にしき》の御旗《みはた》」（65ページ）作りに奔走し、戊辰《ぼしん》戦争では東北各地を転戦して、多くの無辜《むこ》の人々を傷つけている。

すでに長州は、龍馬の口利きで兵器を薩摩経由で輸入している。だが、このことだけで両者がすっかり信頼しあう関係になったわけではない。これまで長州は、ことごとく薩摩の策謀に振り回されていたばかりか、会津と組んだ薩摩によって「朝敵」にされている。

これは長州の自業自得であるが、そんなことを考えずに敵を憎む。これが長州人の特徴である。「薩賊会奸《さつぞくかいかん》」と呼んで、薩摩と会津は長州にとって奸賊《かんぞく》だという憎悪の炎が燃えたぎっている。

だが、今は孤立無援の長州にとっては、薩摩の協力を得ることは、起死回生の策となっている。それを十分に知る桂らは、京の薩摩藩邸に入った。

一方、薩摩の西郷隆盛と小松帯刀《たてわき》は、桂らを酒宴でもてなすが、肝心の同盟話は、どちらからも切り出さない。西郷らは、「長州が薩摩を頼ってきたのだから、長州からいい出すべきだ」と思っている。これに対して桂らも、「長州は薩摩の策謀で朝敵にされているのだから、薩摩のほうこそ詫びを入れて、同盟を申し込むべきだ」と面子《めんつ》の火花が十二日間も散っていた。

こうした面子争いは新政府が成立しても続き、明治天皇を戴いたものの重石のない政府の弱点となる。

そこに顔を出したのが坂本龍馬である。龍馬は両者を叱りつけて、

「大局に立って日本の将来を考えよ。日本を救うための薩長同盟ではないか。今は弱い長州に手を差しのべて日本を救え」

と説得した。

龍馬は、師匠の勝海舟ゆずりの日本を考えるという立場に立っていたが、西郷も桂もそこまでは考えてはいない。自藩をどう有利にするかということだけで頭が一杯である。そんな人物が明治政府をつくるのであるから、程度のほどが分かるというものである。

とにかく龍馬の一喝で、西郷と桂は、六カ条からなる薩長同盟を結んだ。

「幕府と長州が開戦となれば、薩摩藩兵二千名を上京させて京と大阪を固める。長州が勝利したら、薩摩が朝廷に働きかけて名誉回復に尽力する。敗北しても長州は半年や一年は持ちこたえて、その間に薩摩は長州のために尽力する。現状のまま幕府兵が引き上げれば、薩摩は長州の無実の罪をとく。兵を京に送る以上は、一橋、会津、桑名などが朝廷を味方につけて、我らの正義を拒んだときには決戦に及ぶしかない。無実の罪がとかれたら、両者は誠心を尽くして一緒に皇国のために身を砕く」

驚くことに、長州が天皇や朝廷に対して弓を引いたことは無実である、と薩摩が同意している。

禁門《きんもん》の変で両者が戦ったにもかかわらず、薩摩は戦いを仕かけた長州は無実であるとしたのである。しかも薩摩は、幕府に対して一戦を仕かけるとまでいっている。

「皇国のために身を砕く」といいながら、これは薩長両藩の利害を守るために幕府に刃向かうという協定でしかない。

勝海舟に薫陶を受けた龍馬のように、日本の国をどうするのかという視点が欠落している。やはり西郷も桂も、この程度の人間であったというしかないのである。

薩長史観⑮

第二次長州征討は、幕府軍を蹴散らした長州の完全な勝利である

真相

長州も幕府軍も膠着状態で、何ら実りのない睨《にら》み合いが続いたのである

長州再征討の勅許は出ており、処分も「所領の十万石を削り、藩主の隠居を命じる」というものである。征討軍総督は前と同じ尾張の徳川慶勝《よしかつ》で、西国二十七藩に出兵が命じられたが、前回とは違って足並みが揃わない。

総督の徳川慶勝はしぶしぶ応じたものの、やがて出兵に反対するようになる。出兵命令

が出されてから、実際に戦闘が始まったのが翌年の慶応二年（一八六六）六月であるから、その十カ月の間には、戦意が衰えていった。

そこに生じたのが「米よこせ」の大騒動である。幕府や諸藩が軍事用として買い集めた米が急騰して庶民の台所を直撃した。将軍が京都や大坂にいる一年間で、三倍以上も値上がりして、商店などへの打ち毀《こわ》しが起こっていた。

老中の小笠原長行《ながみち》が広島に赴いて、長州藩の家老を呼び出すが出頭してこない。長州は時間を稼いでいる間に、領内の防戦態勢を固める。こうなれば幕府も開戦に踏み切らざるをえないが、薩摩は出兵に反対し、出費がかさなって喘《あえ》いでいる諸藩も乗り気ではない。

これでは幕府の威厳がなくなるとばかりに、ついに慶応二年六月に長州へ進攻が開始された。まず幕府軍艦が周防《すおう》大島を砲撃するが、萩城下からは遠く離れているため、開戦のノロシというだけで効果はあまりなかったようである。

幕臣の小栗忠順《ただまさ》（142ページ）が提言したように、萩の沖合いから幕府軍艦で萩城下を攻撃していれば、征討軍の気勢が上がったであろう。

もっとも、このとき小栗はフランス公使のレオン・ロッシュと協議して、外債を募って軍費を捻出し、さらにフランス軍艦を幕府海軍に同行させて長州を攻めることを計画していた。そのため、外国に日本を売りつけるものだとして、「薩長史観」から批判を受けている。

ところが薩摩も長州も、イギリス公使のハリー・パークスらを通じて支援を仰いでいた。フランスとイギリスの公使は、両国の代理者として、まるで嫉妬し合っているかのように自国の利益と特権を得ようとしていた。

幕府軍は芸州口《げいしゅう》（山陽道）、石州口《せきしゅう》（山陰道）、周防大島口、小倉口（九州方面）から攻め立てるが、長州は藩を上げて防備態勢をとって防戦した。芸州口を攻める紀州、彦根、大垣の各藩は逆に押し返されて一進一退である。石州口では、長州の大村益次郎が洋式化された部隊を率いて、浜田城と幕府領の石見銀山を落としている。

大村益次郎は、医学・洋学・兵学を学び、宇和島藩や幕府、長州藩に仕えて、第二次征長戦では卓越した軍事指揮を振るい、のちに江戸の上野にいた彰義隊を壊滅させている。このとき彰義隊は、いわゆる「官軍」に刃向かうために上野に籠ったわけではなく、今後どうするかを協議していた。そこへ大村はいきなり砲撃をしたために、上野戦争が勃発したのである。

大村は明治二年（一八六九）、兵制の近代化に反対する士族に暗殺されるが、その巨大な顕彰像が靖国神社の正門に立っている。それは、武力によって幕府を倒して明治の偉業を成しとげた人物が、「官軍」として亡くなった者の霊を祀る靖国神社（182ページ）を護持していることを表わすもので、ここにも明治政府の本音が露骨に表われている。

一方、小倉口では、高杉晋作《しんさく》と山県有朋《ありとも》の奇兵隊が関門海峡を越えて小倉に進攻した。小倉城を守っていたのが、幕府強硬派の小笠原長行である。その兵力は熊本、久留米藩兵合わせて二万。対する高杉勢は千人ばかりであった。

坂本龍馬も応援に駆けつけて「面白い」と高みの見物をしている。高杉らは海を渡って攻撃するが、幕府艦の富士山丸は出撃して応戦しようとしない。これには、熊本や久留米の藩兵が怒った。「幕命で出兵したのに幕艦が動かないのでは、我らも戦うことはない」と兵を引き上げる。

小倉城で小倉口の全軍の指揮を執っていた小笠原長行は、将軍家茂《いえもち》が亡くなったと知ると、戦いの名分はないとして城を捨てて長崎に逃げている。そこを突いたのが長州軍である。赤坂砲台から一気に小倉城を攻撃して落城させている。

長州軍は、領内で戦うことなく各所で幕府軍を圧倒した。だが、それ以上進んで攻撃する力はなく、睨み合い状態に入る。

長州などでは、長州は関ヶ原の合戦で屈辱を受けた怨みを二百六十六年ぶりに晴らしたとしている。毛利が関ヶ原の合戦で豊臣方に味方したため、徳川幕府によって冷遇されたというのである。まったく時代錯誤の言い分である。

薩長史観⑯

長州は自力で幕府軍を撃退して、その威光を天下に示した

真相

将軍家茂《いえもち》の死と一橋慶喜《よしのぶ》の変節で幕府軍は撤兵したもので、敗戦ではない

幕府軍の足並みが乱れ、長州軍が局地的に勝っていた慶応二年（一八六六）七月二十日、大坂城で病気療養中の将軍家茂が死んだ。将軍のあまりの若さと急な死で、毒殺されたのではないかという噂が飛んだ。家茂の死の五カ月後、孝明天皇が急死したときも毒殺されたという噂が立った（88ページ）。岩倉具視《ともみ》が薩摩と結託して、天皇を亡き者にしよ

うとしたというものである。

「薩長史観」にとっては、孝明天皇の毒殺説は不利であるが、将軍が毒殺されたということは、幕府の信頼を失墜させる好機となる。そのため、天皇の死因を隠すために、将軍の毒殺説を秘かに流布させたと見ることもできる。

将軍の死は、一カ月後の八月二十日に公表されるが、一橋慶喜は将軍に代わって征討軍を統率し、一カ月以内には長州を討伐すると大見得を切って、八月十二日に京都を出陣すると定めた。ところが十一日に小倉城が陥落したとの情報が伝えられると、慶喜はまたもや変節して、自分で出発を取りやめたばかりか、関白の二条斉敬《なりゆき》のもとを訪れて、独断で休戦を提議したのである。

慶喜の豹変ぶりに朝廷は驚き、幕府内は怒りに満ちた。休戦ということになったが、前線では睨《にら》み合いの状態が続いており、決して長州が勝利したわけではない。「薩長史観」では、征討軍に対して全面的に勝利したようにいわれているが、幕府軍には征討の意欲は低く、長州は防御するのが手一杯という状態であった。

休戦状態は孝明天皇の死でうやむやのうちに解消され、第二次の長州征討は終わりとなったのである。とにかく一橋慶喜の一人舞台は、これからも続いて、幕府の進路を混乱させて自壊に導くのであるが、その背後には薩摩の影があったようである。

慶喜の長州征討の出撃を変節させたのは、薩摩だといわれているが、恐らく朝廷に次第に影響力を持つようになる大久保利通《としみち》あたりがいたようである。薩摩は第二次の長州征討に反対していたが、その圧力が親薩長派の公家たちにかけられていたようで、征討軍が休戦すると、彼らは朝廷の実権を握ろうと画策する。

ここで暗躍するのが、家茂の妻となる和宮《かずのみや》の降嫁に動いた岩倉具視である。その責任を取らされた岩倉は蟄居していたが、薩摩の発言が重きをなすようになると接近していった。岩倉は、大原重徳《しげとみ》と中御門経之《なかみかどつねゆき》に働きかけて関白に四カ条の改革案を提出し、天皇に会って直訴させた。

「雄藩による諸侯会議を開く。幽閉されている公家などを赦免する。長州征討軍を解散する。幕府に近い関白の二条斉敬、賀陽宮《かやのみや》（中川宮）朝彦親王を朝廷から追放して改革を断行する」というものである。

これを聞いた孝明天皇は、幕府に信頼を置いているために、改革案を拒んだ。

そのため岩倉は、このときから天皇を亡き者にしようと考えたのかどうかは定かではないが、薩摩の大久保利通、西郷隆盛らと密談を重ねて、幕府を倒すべきであるということで一致する。

一方、慶喜は十五代将軍に推されるが、家茂の遺言どおりに田安亀之助を将軍にせよ、と拒否した。亀之助はわずか四歳で、もちろん困難な政局を乗り切ることなどできない。ちなみに田安亀之助は、のちに慶喜が隠居謹慎すると徳川宗家を相続して十六代家達《いえたつ》となり、新政府によって駿河七十万石に追放され、幕臣の多くは、これに従って苦しい生活を送ることになる。

しかし、十一月になって、慶喜に対して将軍職につくように天皇の内意が伝えられると、今度はすんなりと承《うけたま》わった。その間、慶喜は、天皇の意向に従って、朝廷の反幕府派を追放している。

大原重徳と中御門経之は閉門、薩摩に近い山階宮晃《やましなのみやあきら》親王と正親町《おおぎまち》三条実愛《さねなる》も蟄居が命じられた。朝廷からは親薩摩派と倒幕派が一掃されたのである。

慶応二年十二月五日、慶喜は征夷大将軍に任じられた。後年になってから慶喜は、「天皇に政権を奉還する意思を持ったのは、このころからで、私の役目は日本のために幕府を終わらせることだと覚悟を決めていた」

と述懐しているが、将軍になると、むしろ幕府の権力強化に取り組んで、大政を奉還するなどという意思は全くなかったのである。

将軍慶喜の強硬姿勢に対して薩長は、さまざまな謀略を巡らせて、幕府の権威の失墜を謀《はか》った。これが戊辰《ぼしん》戦争へと繋がっていく。

第二部

「慶応維新」編

薩長史観⑰

孝明天皇の病気による崩御《ほうぎょ》で、英明な明治天皇が即位して日本は夜明けに向かった

真相

孝明天皇は、薩摩と岩倉具視《ともみ》の陰謀によって毒殺された可能性が高い

徳川慶喜《よしのぶ》が十五代将軍になった二十日後の慶応二年（一八六六）十二月二十五日夜、孝明天皇が突然亡くなった。あまりの急な死に「天皇は暗殺されたのではないか」という噂が流れた。

大坂の商人の間では、天皇の毒殺未遂は二年前の元治元年九月に二度も起こっているか

ら、今度も毒殺されたのだろうと語られていたという。元治元年の九月といえば、長州による禁門《きんもん》の変後で、天皇が長州征討の勅令を下した時期である。そのとき、長州に近い女官によって暗殺が行なわれようとしていたというものである。数年後のことになるが、イギリス公使館員のアーネスト・サトウは、「孝明天皇は毒殺された」と御所にいた人物から断言されたと書いている。

だが、明治維新から太平洋戦争の敗戦までの間、「薩長史観」によって孝明天皇の暗殺説を語ることは禁忌とされ、もっぱら痘瘡《とうそう》（天然痘）による病死とされてきた。絶対的な天皇主義のもとで、天皇の暗殺を語ることは不敬そのものであった。まして現人神《あらひとがみ》と奉《たてまつ》る天皇の暗殺を、薩長に近い公家が秘かに行なったのではないかなどとは、「薩長史観」では口が裂けてもいえないことである。

この時期の天皇は、慶喜に将軍宣下して、幕府と一体となって長州勢力に立ち向かう姿勢を強めていた。長州はすでに薩摩と同盟して、討幕の方針を固めていた。大久保利通《としみち》や木戸孝允《たかよし》などは、「玉《ぎょく》を幕府に奪われたら、我らの滅亡だ」と考えていた。このとき薩長同盟を公家の中で、さらに進めていたのが岩倉具視である。

岩倉は貧しい公家の出身で、屋敷を博徒《ばくと》に提供して、そのテラ銭で生活費を得ていたという。孝明天皇の侍従となり、公武合体を唱えて和宮《かずのみや》の降嫁を勧めて、尊皇攘夷《じょうい》派から弾劾されて五年間、京都の岩倉村で蟄居していた。その間、しだいに討幕に傾いて薩摩らの同志と密談をくり返して、朝廷を討幕に導こうと画策していた。そのとき大きな障害となったのが、幕府や松平容保《かたもり》を全面的に信頼する孝明天皇である。

岩倉具視は、以前にも天皇の毒殺を謀《はか》ったという噂が立ったことがある。和宮を将軍家《いえ》茂《もち》に降嫁させる問題で、それに反対した天皇を亡き者にしようとしたというのである。今や岩倉は、百八十度立場を変えて討幕派になっているが、その障害となるのが孝明天皇である。岩倉の実妹の堀河紀子《もとこ》は、孝明天皇に寵愛されて二女をもうけている。紀子は宮中から退いていたが、息のかかった女官に毒を盛らせたのではないか。あるいは、改革派で天皇から不興をかっていた中御門経之《なかみかどつねゆき》の娘で典侍《てんじ》の良子《ながこ》が犯行に及んだとも噂された。

そこで、孝明天皇の病状から真相を追ってみる。十二月十一日、少し風邪気味であったが、翌十二日には、ひどい発熱状態となる。十四日には痘瘡らしいと診断される。高熱が続き、うわ言を発して食事は受けつけない。十六日になると全身に疱瘡特有の発疹《ほっしん》が現われたため、十七日に正式に痘瘡と発表された。その後の経過は順調で、二十一日には快方に向かいつつあるとして、二十七日に全快を祝う祝宴が予定された。

ところが、二十四日の夜から突然、容態が悪化、痘瘡の症状とは明らかに違う激しい嘔吐、下痢が始まり、何らかの中毒症状らしきものが始まった。翌二十五日には、「御九穴より御出血」、つまり日や耳、鼻、口、尿道、肛門から出血するという異常を示して、苦悶の末に、同日の深夜に亡くなった。天皇の死因は、砒素《ひそ》系の毒物による急性中毒症状であったといわれている。それは、激しい嘔吐、下痢、粘膜からの出血といった症状から診断されるもので、明らかに何者かによって服用させられたものと思われる。

天皇崩御の発表と同時に、朝廷から追われていた岩倉具視、大原重徳《しげとみ》、中御門経之、正親町《おおぎまち》三条実愛《さねなる》ら討幕派の公家たちが罪を解かれて、やがて復権して暗躍するようになる。

孝明天皇の死によって、全く政治力のない十五歳の新帝が立てられた。明治天皇である。ここに公武合体路線は大きく崩れた。新帝を担ぎ出した討幕派の秘かな高笑いが洩れてくるような孝明天皇の死であった。

明治天皇は、孝明天皇と典侍の中山慶子《よしこ》との間に、嘉永五年（一八五二）に生まれている。ペリーが浦賀に来航する一年前である。この中山家で祖父となる中山忠能《ただやす》によって、明治天皇は育てられる。岩倉具視は中山忠能に、雑音を入れずに純粋なまま育てるようにと忠言したというが、これは岩倉の考えを注入しようとする思惑があったのであろう。中山忠能は、「卓然たる人物で、学なければども頗る《すこぶ》才略あり」と橋本左内《さない》に評された人である。その気骨ぶりは子の中山忠光《ただみつ》に受け継がれ、大和《やまと》で挙兵するテロ集団の天誅組《てんちゅうぐみ》の主将に担がれる。明治天皇は忠光の甥にあたるが、討幕派からは英明な天皇と讃えられる。

薩摩は土佐とも同盟することで、武力討幕の正当性を確保した

真相

薩摩が目指す武力討幕と、土佐が目指す平和裏の「大政奉還」の間には、大きな亀裂があった

孝明天皇の死には、薩長派の公家たちが陰湿な笑みを浮かべたが、将軍になったばかりの徳川慶喜《よしのぶ》にとっては、大きな痛手となった。その姿は、沈もうとする舟から水をかき出して必死に水面に浮かばせようとする船長のようなものである。慶喜は将軍として、それが自分の使命であると思った。その点では、立場こそ違え、慶喜は徳川家康の生まれ変わ

りではないかと見られていた。

岩倉具視《ともみ》と長州の木戸孝允《たかよし》も、そう思っていた。岩倉は中山忠能《ただやす》に、「将軍慶喜の動向を見ていると、果断勇決で、その志は小さくないようである。決して軽視すべきでない強敵である」と書き送っている。やはり岩倉は、慶応三年（一八六七）一月五日に即位した明治天皇の外祖父となる中山忠能と深い関係を保っていたのである。

慶応三年は、劇的な舞台が展開する激動の年となる。慶喜は、幕府体制を強化すべく、自ら軍制の改革と軍事力の増強を行なって、近代化を図っている。

これを知った木戸孝允は、土佐の土方久元《ひさもと》に宛てて、「慶喜の胆略を決して侮《あなど》ってはいけない。軍事力の強化は、長州や薩摩の近代化よりも進んでいる。今、朝廷を味方につける機会を失い、幕府に先を制せられることになれば、慶喜は家康の再来を見るようなものである。早く朝廷を支配して、幕府を倒さなければ、こちらの息の根が止められてしまう」と慶喜の胆略に対して悲鳴に近い警告をしている。土方は三条実美《さねとみ》の側近で、中岡慎太郎と共に早くから倒幕を考えていた人物である。

五月になると、三千人の藩兵を率いて京都に入っていた薩摩の島津久光《ひさみつ》が、松平春嶽、山内容堂、伊達宗城《むねなり》と雄藩会議を開いた。久光は、慶喜が勅許もなく兵庫港の開港を勝手に約束したことは言語道断であると言いがかりをつけた。

慶喜は、三月に兵庫の開港を勅許するよう奏上していたが、二度も不許可となって将軍の体面は潰されていた。薩摩が慶喜と幕府を追いつめる手は、勅許を得ないで開港を約束したことを責めるしかない、とばかりに、数年前に長州が訴えたのと同じ理屈を持ち出したのである。島津久光の主張を知った慶喜は、二条城に四人を呼び出して説得した。

兵庫開港の勅許こそが将軍の生命線だと感じた慶喜は、五月二十三日から翌日にかけて徹夜の朝議にのぞんで、「将軍に外交は任せなさい」と一晩中くり返して、とうとう勅許を取り付けた。土俵ぎわに強い二枚腰の将軍である。

追撃の手段を失った薩摩は、六月に入ると、武力討幕しかないと西郷隆盛と大久保利通《としみち》が主張するようになる。そして、薩摩藩の家老である小松帯刀《たてわき》が京都に構えている邸宅に土佐の乾《いぬい》（板垣）退助《たいすけ》と中岡慎太郎を呼んで「討幕」の密議をする。板垣退助は、戊辰《ぼしん》戦争では凄惨きわまりない会津攻略を行ない、新政府では参議となるが、征韓論に敗れて下野し、政府を批判して自由民権論を唱える。

六月二十二日、小松と西郷、大久保は、土佐の参政の後藤象二郎と会って、薩摩と土佐の「薩土同盟」が結ばれた。この同盟には微妙な食い違いがあった。薩摩が武力による討幕を考えていたのに対し、土佐は穏便な倒幕を考えていたのである。この食い違いが、のちに開かれる小御所《こごしょ》会議で紛糾することになる（108ページ）。

後藤象二郎は坂本龍馬の「船中八策」を受けて、「幕府は政権を朝廷に返して、政令は朝廷から出す」という大政奉還を藩主の山内容堂に説いて、それが幕府と朝廷に建白書として提示された。十月三日のことである。

すでに慶喜も幕府要人も、何度か、政権を朝廷に返したほうがよいという局面を体験している。「大政を奉還したうえで、朝廷から改めて政権の担当者として任命されればよい」と慶喜は考えて、この案に飛びつく。どうせ朝廷には、政策能力も外交力もないのだから、必ず慶喜を頼りにするはずだ、と思い込んでいたのである。

大政奉還を主旨とする建白書の内容は、後藤から西郷と大久保に伝えられた。それを聞いて、武力による幕府壊滅を目指していた薩摩の二人は焦った。大政奉還が行なわれれば、無血の政権移譲で、武力革命はできないことになる。

なんとしてでも武力で幕府を倒したい西郷と大久保は、秘かに公家たちとの密謀を巡らせる。「薩長史観」では、この密謀を正当化しているが、それは歴史を改竄《かいざん》することに匹敵するもので、明治維新がここから出発しているとすれば、それは策謀と嘘に固められたものであることを明確に示すものとなる。

十月六日、大久保利通と品川弥二郎が、岩倉村にいる岩倉具視を訪れて、討幕して天皇を守りたてる謀議を巡らしている。

薩長史観⑲

「討幕の密勅」は完全に正式なもので、天皇から幕府討滅の宣旨《せんじ》が下された

真相

「討幕の密勅」は偽造されたものであり、その真相は文章に明らかに示されている

薩摩と長州の藩主に秘かに下された「討幕の密勅」を掲げておこう。

「詔《しょう》す。源慶喜《よしのぶ》、累世《るいせ》の威《い》を藉《か》り、闔族《こうぞく》（一族を合わせて）の強を恃《たの》み、妄《みだ》りに忠良を賊害し、しばしば王命を棄絶《きぜつ》し（天皇の命令に従わない）、遂《つい》に先帝の詔《みことのり》を矯《た》めて懼《おそ》れず（孝明天皇のお言葉を歪曲して懼れもしない）、万民を溝壑《こうがく》に擠《おと》して（路傍で死なせること

も）顧みず、罪悪の至るところ、神州まさに傾覆《けいふく》せんとす（その罪の深さは日本が転覆しようとしているほどだ）。朕《ちん》、いま民の父母となる。この賊にして討たずんば、何を以って上《かみ》は先帝の霊に謝し、下は万民の深讐《しんしゅう》に報いんや。これ朕の憂憤《ゆうふん》の在《あ》るところ、諒闇《りょうあん》（天子《てんし》が喪に服す一年間）を顧みざるは、万止《や》むをえざるなり。汝宜《なんじよろ》しく朕の心を体し、賊臣慶喜を殄戮《てんりく》（滅ぼし絶やす）し、以って速やかに回天の偉勲を奏せよ。而して生霊を山嶽の安きに措《お》くは、此れ朕の願い、敢《あ》えて或《まど》い懈《おこた》ることなかれ。

正二位　藤原忠能《ただやす》
正二位　藤原実愛《さねなる》
権中納言　藤原経之《つねゆき》

慶応三年十月十三日　奉」

これと同時に、会津藩主の松平容保《かたもり》と桑名藩主の松平定敬《さだあき》についても「殄戮すべし」とする密勅が下った。

「会津宰相、桑名中将
右二人、久しく輦下《れんか》（天皇が住む京都）に滞在し、幕賊の暴を助く、その罪軽《かる》からず、これに依《よ》って、速やかに殄戮を加えるべき旨、仰せ下され候事
十月十四日」

これにも、先と同じ三人の公家が署名している。明治天皇の外祖父となる中山忠能、先帝の孝明天皇に嫌われていた正親町《おおぎまち》三条実愛と中御門《なかみかど》経之である。

この「討幕の密勅」は、岩倉具視《ともみ》によれば天皇の裁可を受けている宣旨であるとしているが、その原本には天皇の署名となる名前の「睦仁《むつひと》」という直筆はなく、天皇が認めた印の「可」の文字もなく、名を連ねた三人の花押《かおう》もない、という異例の宣旨である。もちろん、摂政の二条斉敬《なりゆき》も右大臣、左大臣も知らないところで進められていたのである。

文章は居丈高で威圧に満ちて、慶喜を糾弾し、慶喜を支える会津と桑名の両藩主を槍玉に挙げて、とにかく殄戮、すなわち誅殺《ちゅうさつ》せよと品位もなく叫んでいるだけである。そのため「薩長史観」では否定しているが、偽勅《ぎちょく》であるというのが史実としての判定である。

しかも、この偽勅が書かれた動きを追ってみると、驚くべき背景が明らかになる。土佐の山内容堂から幕府と朝廷に対して、大政奉還をせよという建白書が出され、それを将軍慶喜が受けた場合、武力による討幕計画は頓挫することになる。それをなんとしてでも、食い止めなければならない、と西郷と大久保は焦りにあせった。

十月八日、小松帯刀《たてわき》、西郷隆盛、大久保利通《としみち》は連署で、中山忠能、正親町三条実愛、中御門経之の三人に宛てて、討幕の宣旨を降下してもらいたいと手紙で願い出ている。この三人は、宣旨の署名者である。それを簡略にすると、

「国家のために干戈《かんか》（戦争）をもって、幕府と慶喜らの罪を討ち、奸凶《かんきょう》を掃攘《そうじょう》し、王室恢復の大業を遂げたい。伏して乞い願わくば、相当の宣旨を降下くださるように、御執奏《しっそう》を御尽力くださるようお願い奉《たてまつ》る」

というものである。天皇が下す宣旨を誰が書いたのかは不明であるが、岩倉具視の腹心の国学者である玉松操《みさお》（真《ま》弘《ひろ》）が草稿したと見られている。玉松は偽装となる「錦《にしき》の御旗《みはた》」の図案をでっち上げた人物である（65ページ）。宣旨の草稿は、岩倉具視から大久保利通を経て正親町三条と中御門が執筆し、中山忠能に届けられたようである。中山は天皇の外祖父であるから当然、天皇が裁可したと思われることを想定したものである。

この宣旨が秘密裡に十月十三日、薩摩の島津忠義《ただよし》と久光《ひさみつ》に下された。同日には、長州の毛利敬親《たかちか》・定広親子に、朝敵の赦免と、官位復活の御沙汰書が下されている。翌日には、長州藩に正親町三条実愛から「討幕の密勅」が届き、さらに薩長の両藩に、会津と桑名の藩主を誅殺せよという御沙汰書が下されている。

これが十月十三日から十四日にかけて行なわれた謀略である。まったく出鱈目《でたらめ》な宣旨によって、幕府討伐の正当性が認められたのである。

嘘で固められて出発した「御維新」は、やはり嘘にまみれた凶暴な討幕行動となって、凄惨な事態を繰り広げることになる。

薩長史観⑳

真相

大政奉還は、坂本龍馬と土佐藩の献策に乗った幕府のその場しのぎの愚かな決断である

大政奉還は「慶応維新」というべき歴史的な偉業であり、世界に誇るべき無血革命で「明治維新」より優れていた

薩摩に討幕の密勅が下った慶応三年（一八六七）十月十三日、まさにその日、将軍の慶《よし》喜《のぶ》は「政権を朝廷にお返しする」と発表した。

この歴史的な決断を待っていたのが、大政奉還を後藤象二郎に提言した坂本龍馬である。

龍馬は、後藤から土佐藩主の山内容堂に奉還論が説かれ、それが幕府と朝廷に建白書

として提出されていたことを知っていた。薩長の内情を知る龍馬は、幕府が政権を奉還しなければ、薩長と幕府の日本を二分する流血の戦いが勃発することを恐れていた。

そのため龍馬は、将軍が大政を朝廷に返したことを知るや、体を捩《よじ》りながら、「これで戦争は起こらぬ。将軍のお心はいかばかりかと察するに余りある。よく決断なされた。私は誓って、この将軍のために一命を捧げん」と感涙した。

ところが、薩長によって討幕の密勅が偽造されていたことは、龍馬は全く知らなかった。平和的な政権の移行こそが、日本を救う道であると考えていた龍馬は、その方策が大政奉還であると信じていたのであるが、薩長に裏切られていたのである。いつ龍馬が討幕の密勅の存在を知ったのかは分からないが、もし知ったとしたら、薩長のやり方に大いに不満を持ったであろう。そして、旧知の西郷や桂に手紙を送って非難したに違いない。

龍馬が暗殺された日に、一貫して武力討幕を主張する中岡慎太郎と会っているが、そのとき、大政奉還による「新国家」に期待する龍馬と中岡が激論を交わしていたであろうことは推測できる。

討幕の密勅が薩摩と長州に下された翌日の十四日、将軍慶喜は大政奉還の上表文を朝廷に提出した。そこには「政権を朝廷に奉帰《ほうき》して、広く天下の公議を尽くして御聖断《ごせいだん》を仰ぎ、万民一致して皇国を興隆し、外国と並び立つこと」という内容が記されている。朝廷はこれを受理した。

これは、平和的な絶対権力の移行である。慶応三年十月十四日は、日本の歴史で記憶すべき日である。まさに幕府自らによる「慶応維新」というべき変革をしたのであって、戊《ぼ》辰《しん》戦争を引き起して強引に新政府をつくった「明治維新」とは明らかに違う無血革命であった。この日は、龍馬にとっては「新国家」樹立に向けて出発の日となった。

「慶応維新」に困ったのが、薩摩と長州である。討幕が勅許され、我らは朝廷軍で、幕府は朝敵だ、と意気込んだが、慶喜が政権を返したので、振り上げた拳《こぶし》をどう振り下ろしたらよいか分からない。武力討幕は変わらないが、その機会を窺うしかない。

一方、朝廷も政権は受け取ったが、それを動かす行政組織も人材もお金もなく、さらに自衛するための軍隊もない。慶喜が将軍も辞退すると申し出たが、しばらくは慶喜に政務を委任するというしかない。ここに、政権主体の曖昧な空白の状態が生まれた。

慶喜としては、この状態の間に朝廷から政治を託されて、たとえば関白に匹敵するような地位について、天皇を支えるという思惑があったのかもしれない。だが、それでは、徳川家康が天皇から征夷大将軍として政治を委任された徳川幕府と同じことになってしまう。朝廷も慶喜も、身動きすることができない状態が出現した。

その間隙を突くために、しばらく時間稼ぎをしたい薩摩は、十月十七日に小松帯刀《たてわき》、西郷隆盛、大久保利通《としみち》の三人が長州に行って相談するために姿を晦《くら》ませた。薩長の同盟の絆を確かめ、討幕の決意を確認しようというのである。長州は討幕の密勅を受けて、出兵の準備を行ない、三人が戻って来た薩摩でも、軍勢を調えて京都に出撃する態勢に入った。

だが、両藩の中では、将軍が政権を返還して一大名になったのであるから、武力で倒すことはないという意見があった。同じ考えが公家の間でもあったようで、偽の宣旨《せんじ》に署名した例の三人は、十月二十一日に、武力討幕を中止するようにとの天皇の御沙汰書を、やはり偽造して薩長に出していたという。

だが、薩長はこれを無視し、何が何でも幕府を武力で倒す方針を変えない。力によって敵の権力とその機構を完全に潰して、掌握しなければ革命ではないと考えていた。それに政権が返上されても、徳川家が持っている八百万石という膨大な所領地が残っている。これをそのままにしておくことはできない。敵の権力だけではなく財政基盤を完全に奪ってしまわなければ、革命を成しとげたとはいえない。実益が伴わない革命は、絵に書いた餅である。

薩長は、幕府から実権のすべてを奪い取って、それを自分のものにしなければならないと考えていた。そのため平和裏に移行した「慶応維新」は頭から否定されて、無益な血にまみれた「明治維新」を強行する。

薩長史観㉑

坂本龍馬を殺害したのは、佐々木只三郎らの幕府直属の見廻組である

真相

龍馬は、大政奉還による「新国家」を推進したために薩摩によって暗殺された可能性が高い

坂本龍馬は、慶応三年（一八六七）十一月十日に、福井藩の重役で、京都に滞在中であった中根雪江《ゆきえ》に宛てた手紙を書いていた。それは、同藩士の三岡八郎（由利公正《ゆりきみまさ》）を早く新政府に出仕させてもらいたい、というものである。財政に詳しい三岡が必要で、一日先になれば「新国家の御家計（財政）の成立が一日先になる」と出仕を求める内容である。

ここに「新国家」とあるのは、大政奉還されたのが十月十四日であるから、それから一カ月の間に新しい国家をつくるための動きがあったということになる。それは、大政奉還によって、朝廷を中心とする新政府の樹立が目指されていて、そのために財政に詳しい三岡が必要な人物であると龍馬は認識していたのである。

しかも龍馬は、十月十六日に「新官制議定書」を起草している。関白という最高地位に三条実美《さねとみ》をすえ、内大臣という政府の中枢には徳川慶喜《よしのぶ》を記している。また議奏《ぎそう》という天皇を支える重職には、皇族と公家を除《のぞ》くと、松平春嶽、山内容堂、徳川慶勝《よしかつ》、伊達宗城《むねなり》、島津忠義《ただよし》、毛利広封《ひろあつ》、鍋島閑叟《かんそう》の有力大名が名前を連ねている。参議には、岩倉具視《ともみ》らの公家のほかに薩摩、長州、土佐、熊本、福井各藩の実力者が上げられている。

さらに十一月五日には、「新政府綱領八策」を起草している。これは「船中八策」を要約したものである。龍馬は、新国家の政体を「雄藩連合」として考えている。これは中央集権国家というよりは地方分権型国家を目指すものとして評価されるべきである。

このことから考えられるのは、やはり幕府による平和的な政権移譲によって「慶応維新」が行なわれて、新国家成立がなされようとしており、龍馬はそれを推進していたことを示している。この中根雪江への手紙を書いた五日後に龍馬は暗殺されている。

龍馬暗殺の犯人は誰かということが、さまざまに推測されているが、ここでは「薩長史観の正体」の視点から考えてみたい。大政奉還を否定して、武力討幕を指向している薩摩と長州、公家の岩倉具視らである。龍馬が後藤象二郎を通して大政奉還を提言したことを知っていた薩摩の西郷隆盛や大久保利通《としみち》は、龍馬を激しく憎悪していたに違いない。

結局、犯人は分からずじまいであったが、明治になって元京都見廻組の今井信郎《のぶお》が、「実は佐々木只三郎を頭《かしら》とする京都見廻組が、龍馬と中岡慎太郎を斬った」と告白した。今井は龍馬殺害を自白したため処刑を覚悟していたが、西郷が助命嘆願をしたので禁錮刑になったという。そのため西郷が、龍馬暗殺の黒幕ではないかと疑われている。

龍馬暗殺の政治性に焦点を絞ってみると、いちばん怪しいのが薩摩である。すでに薩摩は、討幕の密勅を受けていて、挙兵の機会を窺っていた。そこで邪魔になったのが、大政奉還論者で、新政府を実現させようとしている龍馬である。大久保利通は、岩倉具視と武力討幕を決断していたものの、表向きは朝廷の意向に沿うような素振りを見せている。龍馬が殺害されるころには、大久保は薩摩から京都に戻っていた。このころ武力討幕派に急接近していたのが、新撰組から分離して御陵衛士《ごりょうえじ》を拝命していた伊東甲子太郎《きねたろう》である。

伊東甲子太郎は常陸志筑藩の出身で、水戸に遊学して水戸学の洗礼を受けて、勤皇思想に命を捧げる覚悟を固めていた。新撰組の知り合いの手引きで入隊、参謀職になって、盛んに勤皇を説いて同志を集めていた。伊東は、新撰組の内部に潜入して分断を策した。

しだいに伊東は、薩摩藩士と交友するようになり、ついには新撰組を脱退して、勤皇の思いを果たすと称して高台寺組と呼ばれる一派をつくり、御陵衛士になっている。新撰組とは理解し合って分離したというが、近藤勇や土方歳三らにとってみれば、勤皇のためといわれれば公然と批判はできないものの、許し難い裏切り行為である。伊東はしばしば薩摩藩邸で大久保利通や中村半次郎（桐野利秋《としあき》）らに会って天下国家を論じ合い、人目を憚《はばか》らない密接ぶりであった。

龍馬が暗殺された三日後、伊東は新撰組によって殺される。伊東は、近藤から酒宴に招かれた帰路に待ち伏せされて殺害されている。伊東は、新撰組にも薩摩にも顔が利く、いっぱしの人士という気負いがあったのであろう。一説によると、十二日ごろに伊東と藤堂平助が龍馬を訪ねて、「最近、新撰組と見廻組が命を狙っているようであるから用心されるように。土佐藩邸に移られたらどうか」と忠告したが、龍馬は無視したという。

そのため、大久保から出された龍馬暗殺の指令は伊東に伝えられ、伊東は龍馬の居場所を近藤勇に伝え、近藤から見廻組に通告されたとも推測できる。これは、今井信郎の告白を前提にしたものである。伊東は、殺害現場に落ちていた蠟色《ろういろ》の刀の鞘《さや》を見て「新撰組の持っているものだ」と証言している。伊東は、龍馬の居場所を近藤に話したことから、新撰組がやったに違いないと考えたのであろう。のちに伊東は靖国神社に合祀されている。

薩長史観㉒

真相

小御所《こごしょ》会議は新体制下での正しい話し合いで、幕府の処置も正当なものであった

西郷隆盛の「短刀一本で」の暴力的恫喝により、薩長は強引に財源を求めた

「王政復古」の大号令の目的は、「諸事神武《じんむ》創業の始《はじめ》に原《もと》づき」とあるように神武天皇が日本を治めた故事が基本で、国民を天皇に奉公させる絶対的天皇制の確立にあった。

この王政復古の大号令が出された慶応三年（一八六七）十二月九日夕方から、小御所といわれる所で、総裁、議定、参与の三職《さんしょく》が出席して会議が開かれた。もちろん、このと

きも、御所の警護は極めて厳重で、戒厳令下の様相を見せていた。

薩摩からは大久保利通《としみち》、西郷隆盛、土佐からは後藤象二郎、福井から中根雪江《ゆきえ》、尾張から田宮如雲《じょうん》、広島から辻将曹《しょうそう》ほかが出席した。

この会議で、王政復古の新体制に目をむいて怒ったのが、土佐の山内容堂である。

「天皇を戴いて、諸藩主による公議政体をつくって、将軍をその最高責任者とする」

という計画で慶喜《よしのぶ》に大政を奉還させたのが容堂である。

ところが、将軍職の廃止はよいとしても、新しい政体に慶喜の名前はない。

さらにひどいことには、幕府体制を完全に廃止するばかりか、徳川家の領地まで没収するというのではないか。

これでは話が違うと、その夜の会議で容堂は、慶喜のために大いに論陣をはった。

「鯨海酔侯《げいかいすいこう》」と自称するほど酒好きな容堂は、このとき微醺《びくん》を帯びていたかどうか分からないが、

「幼冲《ようちゅう》（幼い）の天子《てんし》を擁して、陰険な策動を行なって慶喜の功績を無視するとは何ごとか」

というと、すかさず岩倉具視《ともみ》は、

「幼冲の天子とは不敬である」

と反撃して、容堂が詫びる場面もあったが、慶喜のために奮闘した。

この会議で紛糾した問題は、慶喜はすべての官位を辞して、徳川が持つ領地の全部を朝廷に返すという、いわゆる「辞官納地《じかんのうち》」である。

討幕派にとっては、新体制の人事も大切であるが、それと同時に重要なことは財源である。体制を維持し強固なものにするには、とにかく財源を確保しなければならない。財源を敵方から完全に奪って自軍のものにしなければ、敵を倒したとはいえず、勝利したとはいえない。これは暴力革命の原則である。

このことについては「薩長史観」では、うやむやにしているが、これは冷徹な歴史の事実である。

これから起きる鳥羽・伏見の戦いと戊辰《ぼしん》戦争は、天皇軍と朝敵軍、官軍と賊軍といった偽りの大義を名目とした戦いではあるが、財源を確保して経済力を奪取するための国内戦争でもあった。

だからといって、薩長による戦争を幾分でも認めるわけにはいかない。なぜなら、無血革命の「慶応維新」を推進していくという方策があったからである。これは勝海舟や坂本龍馬が目指していたものである。

だが、西郷や大久保、木戸などの薩長の討幕派は、敵の領地と経済力を完全に掌握しなければ革命は成功したとはいえないと考えていた。

敵の一切の肩書を剥奪し、持っている財力を奪取する。これが辞官納地で、会議で紛糾したのが納地である。

岩倉は、徳川が持っている八百万石を朝廷に返還せよと主張した。これに対して容堂は、それならば、我らも返上すべきである。同調する島津侯も七十万石を朝廷に返還すべきである、といい返す。

このとき論議が紛糾していることを知った西郷が、

「短刀一本あればすむことだ」

といって、それが容堂の耳に入って議論が終息したのである。つまり西郷は、他藩の藩主を恫喝したのである。西郷は流血を見ないとすまない武闘主義者であった。

「辞官納地」の決定は十二日、二条城にいる慶喜に伝えられた。これには幕府兵らが怒った。「奸賊《かんぞく》の薩摩を討つべし」と騒ぎ出した。水戸学の洗礼を受けている慶喜にとって恐れたのが「朝敵」になることである。慶喜は全軍を率いて大坂に下る決心をした。

「大坂に向かうが、私には深い考えがある。必ず薩長の罪を問う」

と、激する幕臣らを宥《なだ》めた。

だが、西郷の「短刀」がすべてを決したのである。

薩長史観㉓

真相

「ええじゃないか」の民衆の狂喜は、伊勢神宮の御札《おふだ》が降ってきた「神意」に基づくものである

「ええじゃないか」は薩長が仕組んだもので、騒乱を起こすことにより進軍を偽装するものであった

幕府が崩壊する三十六年前、まったく奇妙な現象が関西を中心にして発生した。数えきれないほどの大群集が、伊勢神宮を目指して動き出したのである。伊勢神宮の御札が降ってきたという噂がきっかけである。「お蔭参り《かげまい》」「抜《ぬ》け参り」といわれるものである。

伊勢神宮は、天照大神《あまてらすおおみかみ》を祀るもので、皇室の氏神となる。ちなみに天皇で参拝したの

は、明治二年（一八六九）に参拝した明治天皇で、史上初のことである。伊勢神宮は、明治政府が説く国家神道の精神の中心であり、これを祭祀する天皇は神聖なものであるとする絶対天皇主義の根拠となる。この思想が、個人の考え方や生活、習慣に及んで、国民に天皇への絶対的服従を教える「教育勅語」などに集約されて、日本は全体主義国家への道を進んで自滅することになる。これを推進したのが「薩長史観」である。

慶応三年（一八六七）八月ころ、伊勢神宮の御札が突如天空から降ってきて、「お蔭参り」と同じように「ええじゃないか」と踊り狂う騒動が起こった。ちょうど京都で政局が煮えたぎっていたときである。将軍慶喜《よしのぶ》が天皇に政権を返す大政奉還の方向で動いていたが、その返還の内容と政治体制のあり方について激しい抗争が続いていた。まかり間違えば、一触即発の状態である。そんな過熱する政治状況の中で、まず東海道筋で御札が降り始め、九月ころには東は江戸や横浜、西は京都はもとより大坂や神戸、広島や四国にも広がった。この御札降りの奇跡には、こんな講釈がついていた。

「外国から日本人を守るために、天子《てんし》（天皇）の皇祖《こうそ》となる天照大神が現われた」

「今は神の世となり、遊び暮らせる世の中になった」

民衆は「ええじゃないか」と大いに浮かれ、狂喜し乱舞した。男は女装し、女は男装して三味線や太鼓を鳴らして踊り狂った。

「ええじゃないか、ええじゃないか。開門《おめこ》に紙張れ、破れりゃまた張れ。何をやっても、ええじゃないか、おかげでめでたし。えじゃないか」

「開門」とは女陰のことである。人びとは、こうした卑猥《ひわい》な歌をうたいながら踊り狂った。投げやりな性的無謀さは、時代の先が見えない民衆の鬱屈感の爆発である。

ほかにも、薩長が明らかに演出したと思われる、こんな歌もあった。

「長州さんのお上り、えじゃないか。長州と薩摩と、えじゃないか。一緒になって、えじゃないか」

「何をやっても、ええじゃないか」と浮かれる民衆は、他人の家に勝手に上がりこんでは踊りまくる。上がられた家でも酒を振る舞って一緒になって踊る。日ごろから嫌われている地主や金持ちの家では、家財道具を蹴散らして「これをくれても、えじゃないか」と勝手に持ち去る。踊りくたびれると、知らない家で横になり、目が覚めるとまた踊りだす。

こんなことが各地で見られた。御札降りにかこつけた集団的な無法行為は、役人も手が出せない。無秩序と無法状態が出現したのである。

目撃談によると、浪人か薩摩の武士らしい一団が通り過ぎると、御札が降ってきて、「ええじゃないか」が始まったという。特に神戸や西宮では、三百種類もの御札が降ってきて、「ええじゃないか」に拍車をかけた。それを目撃したのが、幕臣の福地《ふくち》源一郎である。

福地は十一月末に、江戸から兵庫に船で着いて、陸路で大坂に向かおうとしていたが、途中の西宮で、この「ええじゃないか」の集団乱舞に遭遇した。早駕籠《はやかご》の人足も乱舞に加わっていて、調達することができない。役人を叱りつけても「恐れ入ります」と、ただ頭を下げるだけで、身動きがとれない。仕方がなく、その夜は西宮に泊まって、翌日ようやく大坂に入ったが、そこでも御札がばらまかれて「ええじゃないか」が大流行している有様である。福地は伝聞を踏まえながら、こう断言する。

「この御札降りは、薩長の人びとが人心を騒擾《そうじょう》せしめるために施《ほどこ》したる計略なり」

この騒ぎは、討幕の密勅を手にした薩長の謀略的な演出であった。事実、武力討幕を狙う長州兵が西宮に集結しており、京都への進攻を窺っていた。同じく薩摩兵も大坂や京都にいて、大坂に結集する幕府軍とは一触即発の状態であった。兵力の少ない薩長は、民衆の騒乱を引き起すことで、それを隠れ蓑《みの》にして挙兵の機会を窺っていたのである。

どさくさに紛れて戦いを仕かける。これが薩長の討幕軍のやり方であった。それは、この騒乱の直後に、西郷隆盛によって引き起された江戸市中の強奪による騒乱にもいえることである。そして「ええじゃないか」の騒ぎは、王政復古の大号令が出されると、その途端に終息したのである。

第三部

戊辰戦争編

薩長史観㉔

江戸市中の騒動は、無為無策な幕府のお膝元で生じた民衆の不満の爆発であった

真相

江戸の騒擾《そうじょう》は、幕府側を逆上させようとした挑発行為で、軍資金を強奪するための西郷のテロである

東京上野に西郷隆盛の銅像がある。それは、江戸城の無血開城で江戸を戦火から救ったということから建てられたようであるが、上野一帯では彰義隊を殲滅するために「官軍」と称する征討軍が一方的に戦いを仕かけて、多くの人を殺害した。

しかも、彰義隊の二百六十余名といわれる死者を、西郷像が見下ろす上野のいたる所に

晒《さら》した。死体を葬ろうとすると、征討軍の兵士が威嚇して追い払い、腐敗するにまかせて江戸市民の見せしめにした。これを見かねた、三河島にある円通寺の仏磨《ぶつま》という僧が征討軍と折衝して、ようやく埋葬することができた。円通寺には、上野寛永寺にあった銃弾の跡が残る黒門がある。

また征討軍は、彰義隊の死体をえぐって人肉を食べたという。この人肉食は、戊辰《ぼしん》戦争が起こった各地で囁かれていたものである（164ページ）。この上野戦争は、江戸城が開城した一カ月後のことである。城は無血で明け渡されたが、江戸市中には、征討軍が跋扈《ばっこ》して殺人や強奪、放火などをほしいままにしたのである。

上野戦争の半年前の慶応三年（一八六七）十月、大政が奉還されて討幕の道が遠のいたと判断した西郷は、すぐさま薩摩藩士の伊牟田尚平《いむたしょうへい》と益満《ますみつ》休之助、のちに赤報隊《せきほうたい》を率いる相楽《さがら》総三に密命を与えた。

江戸市中を騒擾させて、軍用金を強奪し、市中を殺伐とした混乱に陥れて、人びとを恐怖に慄《おのの》かせよという指令である。西郷の密命は、「ええじゃないか」の演出と同じように仕組まれたもので、決して江戸市民の不満が幕府に向けられたものではなかった。

しかも、江戸城に放火して、大坂にいる慶喜《よしのぶ》や幕臣たちを怒らせるように仕向けるという策謀も練っている。西郷は、どんな手段を使ってでも、幕府を戦争におびき出して、戦火を交えることで権力を掌握すること、それが革命であると信じた武闘主義者であった。そんな人物だからこそ「敬天愛人《けいてんあいじん》」を唱えることで、自分の陋劣《ろうれつ》な心を糊塗したのであろう。むしろ西郷の場合は「汚天殺人《おてんさつじん》」というべきことを平然と行なったのである。

ちなみに密命を受けた伊牟田は、アメリカ公館員のヒュースケンを殺害しており、のちに部下が辻斬り強盗を行なったとして責任を負って自刃させられた。益満は、江戸騒擾のときに捕縛され死罪になるところを勝海舟に救われて、東上する西郷と勝の会談の橋渡しをするが、上野戦争で被弾して死亡する。相楽は、赤報隊を率いて東山道を進攻するが、偽官軍の汚名をきせられて下諏訪で斬首される。

彼らは、江戸の三田にある薩摩藩邸を拠点にして乱暴狼藉の限りを尽くした。

伊牟田や相楽らは、浪士や無頼の徒を五百人ほど集めて「薩摩御用盗《ごようとう》」と恐れられる強奪集団をつくり、殺人、略奪、強姦、放火とあらゆる犯罪を白昼に行なった。これには落合直亮《なおあき》や権田直助などの国学者を名乗る人物も加わったというから、彼ら「憂国の志士」は重犯罪者と変わらない。騒擾は、関東の各地でも起こっている。

西郷の思惑通りに江戸の騒擾は、幕府のお膝元を震撼させたばかりか、討幕のための軍用金の調達にも成功した。浅草蔵前の蔵米を扱う札差《ふださし》の伊勢屋を三十人余が武器を持って襲い、三万両を奪って三田の薩摩藩邸に逃げ込んだという話を庄内藩士が残している。ほかにも、日本橋の公儀御用達の播磨屋、本郷の高崎屋などといった大店を次々に襲って、家人らを殺害している。強奪した金は、五十万両にも達したという。

ついに幕府は、庄内藩の酒井忠篤《ただずみ》に市中の取締りを命じた。十二月二十二日、薩摩御用盗は、庄内藩の屯所を銃撃した。翌二十三日にも庄内藩士が銃撃され、江戸城二の丸が放火で炎上している。

二の丸の放火は、伊牟田尚平《いむたしょうへい》が、天璋院《てんしょういん》付きの女中に手引きされて行なったものだという。伊牟田も益満も、天璋院の警護ということで京都を出発している。十三代将軍の家定に嫁いだ篤姫《あつひめ》は、家定の死で髪をおろして天璋院《てんしょういん》と称していた。篤姫は薩摩の島津一門の出身で、島津本家の養女となり、さらに近衛家の養女になって家定に嫁いでいた。そのため薩摩藩士が二の丸に放火して、薩摩に天璋院を連れ去ろうとしたと噂された。

薩摩の暴虐はここに極まれり、と怒ったのが勘定奉行の小栗忠順《ただまさ》である（142ページ）。小栗は、老中の稲葉正邦《まさくに》に諮《はか》って、庄内藩を中心に幕府軍を編成して、薩摩藩邸を包囲させた。下手人の身柄を引き渡す要求を薩摩が拒否すると、砲撃して藩邸を焼き討ちした。

この知らせを聞いた西郷は興奮して、「これで戦端開けたり」と語ったという。これを「薩長史観」では西郷を傑出した戦略家と讃えるのであるが、彼の陋劣さを如実に示すものでしかない。

薩長史観㉕

鳥羽・伏見の戦いは、「錦の御旗《にしきのみはた》」を掲げた薩長の聖戦であった

真相

「錦旗《きんき》」は薩長が偽造したものであり、「討幕の密勅」と同じく正当性は全くない

江戸の騒擾《そうじょう》と江戸城の炎上を知った大坂の幕府軍は、「薩摩討つべし」と怒りの声で満ちあふれた。政治的な巻き返しを考えていた慶喜《よしのぶ》も、これにはお手上げで強硬派をおさえることができない。

慶応四年（一八六八）正月一日、「討薩《とうさつ》の表《ひょう》」という薩摩が犯した罪状を書き連ねた奏

聞状を朝廷に差し出すことが決まった。

「王政復古の号令以来の事態は、すべて薩摩の奸臣の陰謀である。江戸などの騒乱も薩摩の謀略である。奸臣を引き渡すようご命令してください。ご採用にならなければ、やむなく誅戮を加えます」

三日午後、「討薩の表」を持った元京都町奉行で大目付の滝川具挙《ともたか》が、会津兵、桑名兵や京都見廻組らの護衛に守られて鳥羽街道から京都に向かった。

これを待ち受けていた薩長軍らは、鳥羽と伏見に布陣して、強引に戦火を交えようとしていた。劣勢を知る西郷隆盛らは、この戦いで敗れたら明治天皇を比叡山に移し、外祖父の中山忠能《ただやす》と三条実美《さねとみ》が天皇を連れて逃げるという計画まで立てていた。だが、幕府軍を「朝敵」にすれば、必ず勝ち目はあると確信している。

鳥羽街道を進む桑名兵と薩摩兵が、「通せ」「通さぬ」と押し問答をしているとき、「砲撃せよ」と命じたのが、人斬り半兵衛こと桐野利秋《としあき》である。この砲撃を聞いた西郷は「この砲声で勝利を手にした」と喜んだ。とにかく合戦に持ち込みたい西郷は、桐野に先制攻撃をするよう命じていたのである。のちに桐野は、会津での征討軍の残虐行為を放置し、陸軍少将に昇進するが、西郷と共に西南戦争を引き起して自刃している。

薩摩の砲撃を聞いて、すぐに戦端を開いたのが、伏見に布陣していた長州兵である。会津兵が集結する伏見奉行所に猛攻を加えた。両軍の砲火で伏見の市街地は炎上する。一方、薩摩兵は、桑名兵らがいた鳥羽村に入って民家に火を放つ。機先を制された幕府軍は淀まで退いた。

鳥羽・伏見の戦いで薩長は、平和的な政権交代――慶応維新を拒否して、戦いで権力を勝ち取ることを鮮明にした。これが明治維新の性格を決定づけた。明治維新は、ほのぼのとした日本の夜明けではなく、薩長による策謀と暴力と血に彩られたものであった。

薩長に勝てば、天皇を支える政体の中心に位置することができる。だが、もし敗れたら……。慶喜が、いちばん恐れたのは「朝敵」になることであった。のちに慶喜は、

「我らはたとえ幕府に背くとも、朝廷に向かって弓を引くことはあるべからず。これは徳川光圀《みつくに》公以来の水戸家の家訓なり」

と述懐しているが、やはり慶喜は尊皇主義の水戸学が骨の髄まで染み込んでいた。幕末の混乱と明治維新の動乱は、水戸に始まり、水戸で終わるのであって、これに薩長は便乗したのである。

朝敵にならないためには、この戦いに勝つことである。とすれば、慶喜自ら前線で指揮を執ることであるが、それをしないで逃げた慶喜は、朝敵の汚名を自ら手招いた。

正月三日、薩長軍の先制攻撃を知った朝廷は、仁和寺宮嘉彰《よしあきら》親王を征討大将軍として、

これに錦旗――錦の御旗を授けて、京都の入口にあたる東寺《とうじ》に大本営を置いた。錦旗は偽造されたものであるが、この旗のもとで幕府軍は賊軍となり、慶喜は朝敵となった。でっち上げられた旗を演出した薩長の如何《いかが》わしい勝利というべきである。

そもそも討幕のシンボルとなった「錦の御旗」は、岩倉具視《ともみ》の腹心となる国学者の玉松操《みさお》が創案したもので、赤地に日月を描いて、これを天皇の旗と称したが、それはまったく根拠のないものである。先述したが、薩摩の大久保利通《としみち》が囲っていた祇園のお勇に大量の大和錦と紅白の緞子《どんす》を買ってこさせ、これを品川弥二郎が長州に持って帰って作ったのが「錦の御旗」であるという。あるいは岩倉と西郷が、天皇家の家紋となる菊の御紋を急遽作らせたともいわれているから、定かなものではない。

激戦の最中、仁和寺宮は東寺を発って、錦旗奉行の四条隆謌《たかうた》と五条為栄《ためしげ》と共に錦の御旗を掲げて進軍した。これを見た薩長軍の兵士たちは、拝伏して涙を流したというが、彼らには果たして、この旗が天皇の意思を表わしていたと理解しえたのであろうか。賑々《にぎにぎ》しく「錦旗奉行」という役職まで創って、進軍して兵士を鼓舞しなければならないほど、薩長はこのシンボルにすべてを賭けていたのであろう。その目論見は成功したが、そのでっち上げの手法は、「討幕の密勅」と同じようなもので、嘘を正当化するものである。勝つためなら何をやっても良いとする薩長の体質がにじみ出ている。

薩長史観㉖

鳥羽・伏見の戦いで幕府軍は「朝敵」になって敗北した

真相

「錦旗《きんき》」に踊らされた慶喜《よしのぶ》が「朝敵」となることを避けただけである

「薩長史観」では、鳥羽・伏見での錦旗の掲揚は、敵味方にとって強い影響力を持ったというが、果たして幕府軍には、それが天皇の御旗だという認識があったのだろうか。これが錦旗だということを真に受けた会津の軍奉行添役の神保修理《しゅり》が「錦旗が出た」と報告して恭順を促したために、浮き足立ったのが慶喜である。そのため全軍退去になったので、神保は江戸に帰ると切腹を命じられている。

淀城で反攻しようとする幕府軍が入城を拒絶され、津藩の藤堂兵が寝返って幕府軍に砲弾を撃ち込んだのは、錦旗のもとで朝敵になりたくなかったということではなく、戦いの帰趨から薩長軍に味方したほうがよいという打算があったからである。日本の戦いでは、勝ち馬に乗るということはよく見られたことで、関ヶ原の合戦で毛利一族の小早川秀秋はそれを平然と行なっている。

「薩長史観」では、五千の薩長軍は劣勢であったのに対して幕府軍は一万五千であったのにもかかわらず、戦いで圧勝したようにいわれている。だが、実際は鳥羽と伏見での局地戦で幕府軍が退いただけのことである。戦死者も双方合わせて三百四十人ほどである。

幕府軍は淀城まで退いた。淀城主は、老中の稲葉正邦《まさくに》で、江戸を騒擾《そうじょう》させた「薩摩御《ご》用盗《ようとう》」が逃げ込んだ薩摩藩邸を、小栗忠順《ただまさ》と共に焼き討ちにした人物である。稲葉は江戸にいて不在であったが、すでに薩長からの圧力があったようで開門しなかった。六日に淀川沿いの橋本周辺で銃撃戦となるが、大山崎を守備していた津藩の藤堂兵が中立の立場を捨てて幕府軍を砲撃したため、全軍が大坂城に撤退した。総大将となる慶喜が錦旗が上がったと聞いて動揺しているという話が伝わったのである。

大坂城内では会津や桑名の戦意は盛んで、「陣容を立て直して上様自らが全軍を率いて出兵すれば、必ず勝てます」と進言されると、「よし全軍、出陣」と慶喜は号令した。だが、すぐあとに老中の板倉勝静《かつきよ》と大目付の永井尚志《なおゆき》を呼んで、「すぐ江戸に帰る」といい出した。二人は仰天した。明らかに敵前逃亡である。

しかし「江戸に戻って、再起を図る」といわれれば、主戦論の二人も従わざるを得ない。松平容保《かたもり》と松平定敬《さだあき》の兄弟も連れて帰るという。この二人を大坂城に残しておけば、会津兵も桑名兵も籠城してでも薩長に対抗するからである。

事実、その後、松平容保の会津藩は激しく新政府軍と戦い、弟の松平定敬も越後から函館の五稜郭《ごりょうかく》まで行って戦っている。ちなみに幕臣の榎本武揚《たけあき》が樹立した五稜郭の「北海道共和国」(174ページ)には、板倉勝静と永井尚志、小笠原長行《ながみち》の顔もあった。

彼らは最後まで、薩長軍が主体となる新政府軍への反抗の気構えを捨てなかった。それは彼らが、あまりにも醜い薩長の実の姿を知っていたからで、薩長によって成立する体制を到底認めることができなかったからである。

六日夜半、出陣の準備で慌しい大坂城の裏門に、平服に着換えた一団があった。城門兵に誰何《すいか》されると「お小姓の交代である」といって城外に抜け出た。こうして慶喜一行は、大坂湾にいる幕艦の開陽丸に乗り込んで、江戸に逃げ去った。

総大将が味方の将兵を見捨て敵前逃亡したのは、日本の合戦でも珍しい。夜が明けて、これを知った幕府軍の将兵は茫然自失で、結局、なすすべもなく大坂城を離れて四散した。幕府軍の消滅は、軍事面での徳川幕府の完全な崩壊を決定づけた。

味方の将兵を置き去りにした慶喜の行為は、極めて冷酷なものであったが、それ以上に人の命を虫けらのように扱ったのが薩長である。大坂城から幕府軍がいなくなると、薩長はすぐに接収するかと見られたが、城内には入らない。地雷が仕かけられていることを懸念したからである。

江戸にある三田の薩摩藩邸が焼き討ちになった跡地から、多量の地雷の導火線が見つかっていることから分かるように、薩摩は地雷を熟知していた。そこで、「城内には誰でも入れる。こんなときでなければ見物できない」と大坂市民に触れを出した。

そこで物見高い人たちが城内に繰り込んで、物品を強奪したが、それを薩長兵は見ているだけで止めようともしない。そうこうしているうちに地雷が爆発して多数の人が死んでいる。

それを見た薩長兵は、ようやく入城を禁止して、奪った品物を返せと布告した。結局、地雷の瀬踏みに大坂市民が利用されたのである。

人の命を命とも思わないのが薩長の面々で、これは戊辰《ぼしん》戦争でも同じような凄惨な犠牲者を生むことになる。

薩長史観㉗

錦旗《きんき》に逆らった朝敵である慶喜《よしのぶ》への追討令は当然なことである

真相

恭順の意を示した慶喜の追討は、武力で日本を制したい薩長の口実であった

慶応四年（一八六八）一月七日、総裁の有栖川宮熾仁《ありすがわのみやたるひと》親王が、慶喜追討令を出した。そこには、慶喜らの官位を剥奪して、幕領を新政府の直轄とするという内容もあった。やはり薩長は、「辞官納地《じかんのうち》」が重要な観点であると執拗に追及していたのである。

慶喜が大坂城を退去して江戸に戻り、幕府軍が四散したことで、西郷や大久保、岩倉ら

は内心では安堵したであろうが、武闘派の彼らは「朝敵となった慶喜を討て」と強硬である。そうすることで、彼らは「天皇軍」を堂々と率いて進軍することができる。中には、慶喜に切腹を命じよという者もいた。

鳥羽・伏見の戦いは、双方合わせて三百四十人の戦死者が出ていたが、あくまで局地戦で、幕府軍と雌雄を決するほどの全面的な交戦にはなっていない。いってみれば、鳥羽街道の砲声と錦旗の掲揚で幕府軍は引いただけである。それにもかかわらず、朝敵の汚名をあびせ、それを討つために公然と追討軍を送ろうというのである。

もはや「慶応維新」の平和的な方策は頭から完全に否定され、ひたすら武力で幕府方を倒すことで「明治維新」を遂行することに邁進する。

一月十一日、慶喜は開陽丸で江戸の品川に戻ると、浜御殿に勝海舟を呼んで「錦旗が薩長に下された。朝敵になることを避けるために、戦いをせずに江戸に戻った。薩長との処理をせよ」と事後を委ねた。

慶喜は将軍になって初めて江戸城に入るなり、家茂《いえもち》の死で落飾して静寛院宮《せいかんいんのみや》になっていた和宮《かずのみや》に会う。慶喜は、朝廷に恭順を誓うからと謝罪の仲介を願い出た。静寛院宮は、徳川家存続のために朝廷に嘆願の手紙を送っている。

だが、西郷は強硬である。静寛院宮とはいえ、やはり賊の一味であり、慶喜は隠居すればよいと思っているかもしれないが、断然追討すべきである。一日も早く追討軍を編成して進軍すべきだ、静寛院宮が何をいってきても無視すべきだと主張する。だが、長州の大村益次郎は、京都や大坂で兵力を空白にすれば、幕府の海軍艦船に狙われて「玉《ぎょく》」が奪われてしまうと反対して西郷と対立した。

薩摩の西郷と長州の大村の銅像が東京の上野と九段に、あたかも向き合っているかのように建っている。二人は微妙なところで対立しているが、いずれも江戸を血に染めた人物である。

ところが、追討軍を動かすにも軍資金となるものがない。御所には五百両しかなかったという。江戸市中で「薩摩御用盗《ごようとう》」で略奪した五十万両といわれる軍資金は、どうやら薩摩の懐に納まっていたようである。ここで才能を発揮したのが、坂本龍馬が「新国家」の財政のために必要な人材だとして、一刻も早く招聘するようにと福井藩に訴えていた由利《ゆり》公正《きみまさ》である。

由利公正は、新政府の財政には三百万両が必要であるとして、募債を発行することを提案して受け入れられた。とはいえ直面する軍資金をどうするかと考えたが、今まで各藩が赤字財政を切り抜けるために、豪商から上納金をせしめていたように、京都や大坂の豪商から献金させる以外にはない。

二条城に招致された三井や鴻池などの京都や大坂の豪商たちは、とりあえず十万両を献金した。それが慶喜追討の軍資金になったのである。

二月十五日、ようやく軍資金を確保した征討軍は、東海道、東山道、北陸道の三道から進攻するために京都を出発した。続いて有栖川宮熾仁親王を大総督として、西四辻公業《きんなる》、正親町公董《おおぎまちきんただ》、西郷隆盛らが参謀となって進軍した。

三道をそれぞれ進軍する先鋒総督は、進路にあたる各藩に対して、天皇を奉じる新政府軍に恭順の意を示すために、兵員や食糧を差し出して軍資金を納めよ、と強引に迫った。これを拒めば賊軍として撃ち払うと脅迫した。

そのため、各藩内で意見が分かれて、藩を二分する血にまみれた対立抗争が生じた所もあった。

新政府は、国内の融和を図るどころか、分裂と戦いを招いた。これは戊辰《ぼしん》戦争の各地に見られたものである。尾張の徳川慶勝《よしかつ》などは、藩内の幕府派を弾圧、斬首十四人、処罰二十人の処分を下している。

江戸城総攻撃予定日の前日の三月十四日に発布された『五箇条の御誓文』では、「上下心を一《いつ》にして」とか「官武一途庶民に至るまで」協調して国を支えることが謳《うた》われているが、その美文はさながら新政府の悪業を隠蔽するものであった。

薩長史観㉘

真相

江戸城の無血開城は、西郷隆盛と勝海舟の歴史的な英断である

江戸城を開城させる条件は、反薩長を叫ぶ諸藩を見殺しにするものであった

江戸城に入って一カ月後の慶応四年（一八六八）二月十二日、慶喜《よしのぶ》は、江戸城を出て上野寛永寺の大慈院に入って、蟄居して謹慎するという姿勢を見せた。三日前の九日には、有栖川宮熾仁《ありすがわのみやたるひと》親王を東征軍大総督とする新政府軍は江戸に向かって進発を始めていた。三月五日、東征軍大総督が静岡に到着、江戸城総攻撃を十五日にすると決定した。慶喜

から事後を託された勝海舟は、幕臣の山岡鉄太郎（鉄舟）を静岡に派遣して西郷と折衝させた。総攻撃を回避するために征討軍の条件を呑もうというのである。それは事実上の幕府の降伏と江戸城開城のための交渉となる。

この山岡と西郷の交渉内容は、最終的に勝海舟と西郷隆盛の間で、「徳川家の名を残す。慶喜の死罪を許し、水戸で謹慎する。江戸城を明け渡す。軍艦・武器を引き渡す。江戸城内の家臣らは城外に退き謹慎する。慶喜の叛謀《はんぼう》を助けた者は、寛典をもって死一等を宥《ゆる》すが、一万石以上の処置は朝廷の裁可に委ねる」というもので決着する。慶喜が死罪一等を宥されたのは、「水戸贈大納言が積年勤皇の志業が浅からず」と、慶喜の父親の徳川斉昭《なりあき》が天皇を尊崇した業績があったからだというものである。水戸学が薩長を討幕に動かす原点であったことを認めていたのであろう。それは、天皇の存在を絶対視して、皇国日本を樹立するとする明治維新の根本精神となる。

こうした降伏条件の下地をつくったのは、単身で敵地となる静岡に乗り込んでいった山岡鉄太郎であった。江戸薩摩藩邸での勝と西郷の二度の江戸城開城を巡る交渉は、両者の反対派を封じるための演出である。あたかも、勝と西郷の歴史的な会見が江戸を戦火から救ったように喧伝されているが、それは「薩長史観」のまやかしで、その立役者は山岡鉄太郎であることを隠蔽することで成り立つものである。

ちなみに勝と西郷の交渉には、イギリス公使のパークスが介在していた。西郷の命を受けた長州の木梨精一郎が、横浜にいたパークスに会って、「恭順したのに戦争するとは何ごとか」とたしなめられ、主戦論から非戦論に転じたというのである。西郷は、パークスの意見を受け入れたと強調することで、京都にいる主戦派を宥《なだ》めようとしたのであろう。

西郷は、パークスの名前を出せば、新政府が納得することを知っていた。それというのも神戸を警備する岡山藩士が外国人水兵に射撃して、それがきっかけとなってアメリカ兵とイギリス兵が岡山藩士と発砲し合うことになった事件があったからである。鳥羽・伏見の戦いが治まった一月十一日のことである。この時、パークスは厳重に抗議して謝罪を取りつけた。

この事件を契機に、それまで頑なに拒んでいた「開国」を新政府が公式に認めることになる。しかも、パークスが二月三十日に御所で天皇に謁見する途上で、襲撃されるという事態が起こっていた。もちろん新政府は謝罪して後日謁見が行なわれたのであるが、新政府はパークスに何かと負い目があった。そのことを知っている西郷は、彼の名前を出せば降伏条件がすんなりと認められると踏んだのである。

希代の陰謀家である西郷は、降伏条件に落とし穴をつくっていた。それは慶喜を助けた者たちへの処置である。その項目には、

「慶喜叛謀相助け候者、重罪たるに依《よ》り、厳科に処せらるべきの処、格別の寛典を以て、死一等宥さるべきの間、相当の所置致し、言上すべきの事。但《ただし》、万石以上は、朝裁を以て御所置在《あ》らせらるべきの事」

とある。慶喜に味方した一万石以上の藩の処分は朝廷の裁可によるというものである。これは当然、新政府に反感を抱く会津藩をはじめとする各藩が、征討軍に反意を見せたら討つという含みがある。それを勝海舟は知っていて、主戦を説く新撰組を甲陽鎮撫隊《こうようちんぶたい》として甲府に追い出している。さらに過激派の古屋佐久左衛門らを衝鋒隊《しょうほうたい》にまとめて江戸郊外の守りにつかせている。すでに会津藩主松平容保《かたもり》などは帰藩しているが、これは各藩の対処に任せるという姿勢である。とにかく慶喜の命と江戸を守ることに勝は腐心したのであるが、あとはどうなっても知らないということで、ここに、西郷らの征討軍の進軍を妨げるものはなくなったのであった。勝の嘆願書には、それが明記されている。

「土民鎮定の儀は、精々行届き候様仕るべく、万一暴挙いたし候者これあり、手に余り候わば、その節改めて相願い申すべく候間、官軍を以って御鎮圧下され候様仕り度き事」

つまり、暴動が起こったら官軍が鎮圧するように願い出ている。

勝は「官軍」と何気なく使っているが、すでに新政府軍を官軍と認め、これに逆らうものを賊軍とする見方をしていた。勝は西郷に同調していたのである。

薩長史観㉙

急いで日本を武力統一しなければ、イギリスかフランスの植民地にされていた

真相

外国勢力は戊辰《ぼしん》戦争を内戦として局外中立を保つよう指示されており、植民地化を意図していたわけではない

文久元年（一八六一）二月、ロシアの軍艦ポサドニックの兵員が九州の対馬《つしま》に上陸して、軍事基地を造るという不法占拠事件を起した。当時の老中安藤信正は、ロシア艦長のビリレフと交渉させるために、遣米使節団の目付として帰国、外国奉行についていた小栗忠順《ただまさ》を対馬に送った。小栗は退去するように談判したが、ロシア側は強硬でラチが明かな

い。ロシアにとって対馬海峡は東シナ海への重要な出口である。

そこで小栗は、イギリス公使のオールコックを巧みに説いて、「幕府の依頼がなくても、イギリスが独自の立場で武力を行使する」とロシア側に通告、二隻の軍艦を派遣させた。対馬にロシアの軍事基地ができれば、イギリスの脅威となるからである。その結果、ロシアは武力衝突を避けるために対馬から撤退した。小栗はイギリスを使ってロシアを牽制したが、ロシアに代わってイギリス、あるいはアメリカやフランスが対馬を占拠するという危険性があったと薩長史観はいう。

ところがイギリスは、東アジア、特に清国《しんこく》（中国）の植民地化への施策が忙しく、しかも、ロシアに宣戦したクリミヤ戦争終結から間もない時期にあって、日本に余力をさくことができない。一方、アメリカは南北戦争に突入していて、日本への介入などできない状態であった。では、フランスはというと、ナポレオン三世の統治下にあったが、クリミヤ戦争への参戦やメキシコへの出兵、北ドイツ連邦（プロシア盟主）との緊張状態で、やはり日本を植民地とするには程遠い状況であった。そもそも日本は、植民地としてさほど魅力ある国ではない。実際、各国の公使は、局外中立を保つよう本国から指示されている。

ところが薩長史観では、日本は欧米列強の圧力のもとで、いつ植民地にされるか分からない状態になっていた。その証拠にイギリスやフランスの軍艦が我がもの顔で跋扈《ばっこ》しているばかりか、長州の下関を英・仏・蘭・米の四カ国艦隊が襲撃し、薩摩にも英国艦隊が砲撃している。それは、機会をみて力ずくで日本を征圧する意図を秘めていたからである。外国勢力と対決しない幕府では日本は植民地にされてしまう。だから、幕府を倒し武力統一しなければ日本は救えない……と説いて、武力討幕の根拠とした。だが、下関戦争も薩英戦争も、薩長が自ら日本に危険を招いたものであることには口をつぐんでいる。

しかも薩長は、大政奉還による平和的な政権移譲を否定して、武力による日本征圧を強行して、あえて国内戦争を引き起している。これは外国勢力につけ入る隙を与えるもので、むしろ薩長が、植民地化される危険を招いていたのである。それにもかかわらず、幕府では日本の植民地化は避けられない。そのために討幕に踏み切ったのだという言い分は、討幕を正当化するためのものでしかない。

大政奉還した幕府は、武力衝突を避けるために二条城から大坂城に退去したとき、諸外国に対して、日本の国内紛争には介入せず、「不干渉の立場」を保って欲しいと申し入れている。さらに鳥羽・伏見の戦いが起こる正月三日には、英・仏・米・蘭・伊の各国公使に対して、安政年間に取り交わした通商修好条約に基づいて、日本の内乱に関して正式に不干渉と中立の立場を取ることを要求している。

ところが薩長は、同月二十一日に各国公使に宛てて、徳川慶喜に加担する大名の兵卒の運送、武器運搬、さらに「貴国の指揮官兵卒」を貸して兵力を助けるようなことはしてはいけないと、局外中立を要求するのではなく、一方的に幕府軍への協力を拒否するよう求めている。薩長に国際法の知識があれば、国内戦争に乗じて外国が介入することを防ぐために、当然ながら外国に対して局外中立を要請すべきである。ところが、幕府軍への協力はするなと申し入れただけである。いかに薩長が目先の戦闘にだけ気をとられて、日本全体を考えていなかったかということの証左となる。

これに対して同月二十五日、各国の公使は幕府の要請どおりに局外中立を宣言する。それは、天皇方と徳川方を二つの交戦団体として認めて、条約に基づいて局外中立を取る。双方に軍船の売買と貸借はしない。兵士・武器・弾薬・兵糧、その他すべての軍事に関する物も売買・貸借は厳禁する。これに違反した者は、局外中立の法規を犯したものとして、軍律に従って捕虜となり、その積荷は没収されると明記している。

もちろん「捕虜」は外国人と日本人とに限らず国際法に基づいて処遇されるものである。後述するが（162ページ）、東北各地で捕虜や負傷者を皆殺しにした「官軍」と称する征討軍の暴虐な振る舞いは、国際法を破るものとして非難されることになる。

幕府が無策であったから、日本は植民地にされる危険性があったというのは、むしろ薩長側にこそあてはまることである。

薩長史観㉚

幕臣の小栗上野介忠順《こうずけのすけただまさ》は、新政府に抗した重犯罪人で、斬首されても当然である

真相

小栗忠順は日本の近代化の基礎をつくった大先駆者で、暴虐な薩長の体質を看破した憂国の士であった

「薩長史観」では全く無視されているどころか、悪人視されている小栗上野介忠順について触れておきたい。小栗は二千五百石の旗本に生まれ、砲術や蘭学を学び、大船を建造して外国と交易すべきだと、早くから開国を唱えていた。

三十四歳のとき遣米使節の目付となってアメリカに渡り、地球を一周して帰国してい

る。その間、航海術と海軍の必要性を実感して、造船・製鉄・武器製造の工場を国内に造ることを喫緊の課題として受け止めた。小栗は帰国してから幕府が崩壊するまでの九年の間、外国奉行、勘定奉行、江戸町奉行、歩兵奉行、陸軍奉行並、軍艦奉行などの重職を歴任している。特に造船に力を注ぎ、日本の近代化に大きく貢献した（25ページ）。

小栗忠順は、長州と薩摩に対する徹底抗戦を主張する。薩長が策謀をめぐらせて倒幕に走り、しかも武力で討幕を果たそうとする動きに対して、小栗は強硬に薩長の討伐を主張した。第二次の長州討伐のときには、軍艦をもって長州の萩城を砲撃することを提言している。江戸に逃げ帰ってきた将軍慶喜《よしのぶ》らに対して、東海道を進軍してくる薩長軍を駿河湾に浮かべた軍艦開陽丸から砲撃して撃破し、あるいは陸軍の精鋭を箱根周辺に配備して全滅させるべしと進言した。

のちに、この計画を知らされた長州の軍事指導者の大村益次郎は、これが実行されていたら、勝ち目はなかっただろうと述懐した。

しかも小栗は、慶喜の袖をつかんで「我らに反逆の汚名をつけられる謂《いわ》れはない。速やかに正義の一戦を行なうべし」と迫ったという。

慶喜が江戸城を出て上野の寛永寺に入って謹慎すると、小栗は屋敷を引き払って上野《こうずけ》の権田《ごんだ》村にある所領地に引きこもった。多数の洋書を携行したのが誤解されたのか、数十万両の軍用金を運んだと噂された。

江戸を引き上げるとき、三井財閥の基礎をつくった三野村《みのむら》利左衛門が、「もう一度アメリカに渡られたら」と千両箱を差し出したが、小栗は断っている。小栗は、立場を利用して私腹を肥やすような人物ではなく、むしろ清貧を旨とする気丈夫な最後のサムライといえる人であった。

三野村は、天涯孤独な放浪者であったが、丁稚奉公で苦労した末に小栗の下に出入りしているうちに財政経済を学び、やがて三井の大番頭となり、恩に報いるために小栗にアメリカへの逃亡資金の提供を申し出たのである。もっとも三井は、巨額の献金を征討軍に納めていた。

軍用金の噂を聞きつけたのか、博徒《ばくと》からなる強盗団が権田村を襲ってきた。これは、江戸市中を暗躍した「薩摩御用盗《ごようとう》」の一派らしい。小栗は数人の家臣を指揮して、これを撃退した。すると、「小栗を襲った強盗団は数千人で、それを撃退できるほどの兵備がある。小栗には朝廷に反逆する意図がある」などと強盗団が話を大きくした。

この話に驚愕したと称する東山道総督の岩倉具定《ともさだ》（具視《ともみ》の子）と、参謀となる土佐の板垣退助《たいすけ》、薩摩の伊地知《いじち》正治らは、高崎・安中・小幡の各藩主に対して、「小栗上野介は陣屋を厳重に構え、砲台を築いて朝廷に向かって反逆を企てている。速やかに誅殺《ちゅうさつ》すべし」

という命令を出した。

これに従えば恭順したと見なし、従わなければ征討すると恫喝する。こうした根も葉もない言いがかりは、薩長軍が進攻する各地で見られたものである。軍用金の噂も、彼らが作り出して、小栗を誅殺しようとしたものであろう。

小栗は、大砲一門と小銃二十挺を提出して捕縛され、取り調べもされぬまま、三人の家臣とともに烏川の河原で斬首された。そして、その首は、館林で梟首《きょうしゅ》される。小栗が主戦論者であったために殺害されたのであるが、これを正面切って語る人は少ない。

小栗は、幕府の軍用金を持ち去ったという噂のために、強盗団に狙われた。これが幕府再建の秘密資金と見なされ、やがて「徳川埋蔵金」伝説となる。これは、小栗殺害の真相を隠すために薩長側が流したもので、その風聞に現在でも踊らされている人がいることを考えれば、「薩長史観」の根深さが分かるというものである。

奥羽越列藩同盟に対する征討軍は、薩摩、長州を主体にして、進軍する行程にある周辺の藩を恫喝して恭順を誓わせた。素直に恭順しなければ征討するという脅しをかけた。しかも藩兵の動員を強要したばかりか、兵糧・軍馬・人足などを徴発して、しだいに軍事力を高めていったばかりか凶暴性も蓄えていった。

薩長史観㉛

会津藩主は、天皇の「勅命」によって討たれるべき「朝敵」「逆賊」の筆頭である

真相

松平容保《かたもり》は幕末の混乱を正常化し、天皇を守り抜いて奮闘した正義の藩主である

天皇の勅書《ちょくしょ》（「討幕の密勅」）によって徳川慶喜《よしのぶ》、松平容保、松平定敬《さだあき》は、速やかに「殄戮《てんりく》（滅ぼし絶やす）を加えるべし」と勅命が下されている。

特に会津藩主で京都守護職を務めた松平容保は、幕府の威《い》を借りて尊皇派に暴虐な弾圧を加えたばかりか、鳥羽・伏見で天皇軍に向かって刃《やいば》を向けた最大の「朝敵」である。

断じて許すことはできない。多くの長州の志士といわれる人たちはそう思っていたが、その中でも木戸孝允《たかよし》は大きな怒りを松平容保と会津藩に抱いた。

木戸の怒りは、戊辰《ぼしん》戦争で会津藩に容赦なく向けられたばかりか、会津藩二十三万石を没収して、わずか三万石を与えて北方の辺境に追いやった。できれば消滅させたいのだ、と思われるほど苛酷な処分を科した。

木戸の怒りは、京都守護職の配下となる新撰組によって池田屋で長州の吉田稔麿《としまろ》をはじめとする多くの同志が殺害され、さらに長州藩による禁門《きんもん》（蛤《はまぐり》御門《ごもん》）の変で薩摩と組んだ会津兵によって長州が撃退されたという怨みが背景にある。ところが、これは全く筋違いの言い分であって、長州や木戸こそが「朝敵」であり「賊軍」であったという事実を糊塗するためのものである。

会津藩主の松平容保が、藩兵千人を率いて京都に入ったのは、文久二年（一八六二）の冬で、それから慶応三年（一八六七）十月までの約五年間、京都市中と天皇がいる御所を守護した。容保が京都に入った前後には、幕府に近い公家や役人たちが「天誅《てんちゅう》」という美名のもとで暗殺される事件が続発していた。これには孝明天皇も憂いたようで、黒谷の金戒光明寺《こんかいこうみょうじ》に本陣を置いた会津藩に安堵した。

年が明けた文久三年正月二日、容保は参内《さんだい》を許されて、緋《ひ》の御衣《ぎょい》を下賜されている。これは異例のことで、天皇の容保に対する期待が込められている。容保は、天皇の信頼に応えるべく、文字どおり「天皇の臣下」となって病身をおして奮戦する。

容保は、孝明天皇の求めに応じて、馬揃《うまぞろ》えといわれる軍事パレードを行なって天覧に供している。これは、かつて織田信長が正親町《おおぎまち》天皇に天覧した馬揃えよりは華々しくなかったようであるが、甲冑《かっちゅう》に身を固めた八百人の将兵の隊列は、戦国絵巻を思わせて、公武合体派の公家たちは賛嘆と安堵のため息を漏らした。

その直後に、薩摩の高崎左太郎から会津藩士の秋月悌次郎に対して、長州の過激派とそれに踊らされている公家を追放するための「薩会《さっかい》同盟」が提案された。御所に参内しようとした三条実美《さねとみ》ら長州派の公家は薩摩兵と会津兵によって拒まれ、長州兵も追い払われた。「八月十八日の政変」である。

孝明天皇は、三条実美らが捏造した勅書は偽勅《ぎちょく》で、政変後の勅書こそが真勅であると言明し、さらに松平容保に宸翰《しんかん》（天皇直筆の手紙）を与えた。

「堂上《どうじょう》以下、暴論を疎《つら》ね不正の処置増長につき、痛心に堪《た》え難く、内命を下せしところ、速やかに領掌《りょうしょう》し、憂患掃攘《そうじょう》、朕《ちん》の存念貫徹の段、全くその方の忠誠にて、深く感悦のあまり、右一箱これを遣わすもの也

文久三年十月九日　」

容保はいたく感涙し、のちに「朝敵」「逆賊」とされても、この手紙を終生身につけていた。これに対して、長州の天皇への「忠誠」はどうであったのか。池田屋で新撰組によって多くの同志が殺害されたと長州は糾弾するが、そもそも池田屋の会合は、御所近くに放火し、混乱に乗じて御所に乱入して、天皇を長州に拉致《らち》するという陰謀の打ち合わせをするためであった。勤皇という天皇主義を掲げながら、天皇を力によって支配しようとしたのが、長州である。この事実を隠蔽するために薩長史観では、新撰組と松平容保に不忠な朝敵の烙印を押し続ける。

さらに禁門の変では、実際に長州は、御所と天皇に向けて砲撃を加えて、京都市中を灰燼にした。長州の「忠誠」は、天皇に向けて反乱を起すことであった。会津藩士は薩摩藩士と共に長州勢を追い払ったが、薩摩と長州が討幕の同盟を結ぶと、長州は会津だけを目の仇として憎悪を深めた。

長州は天皇に対する「不敬」と「反逆」を糊塗するために、何が何でも会津は「朝敵」であり、長州は「勤皇」を貫いたと主張する。

そのために、会津藩が朝廷に対して恭順の意を示しているにもかかわらず、強引に会津戦争を引き起して凄惨なまでの犠牲を強いた。会津戦争は、尊皇主義を自ら裏切った長州の事実を消滅させる極めて陰湿な戦術であった。

薩長史観㉜

奥羽鎮撫総督府の司令官・世良《せら》修蔵は、朝命に基づいて会津討伐を命じた

真相

長州の世良修蔵の卑劣で貪婪《どんらん》な挙動によって奥羽列藩同盟が成立し、無用な戦争が起された

ここでは、戊辰《ぼしん》戦争の細部を追うのではなく、いかに薩長が各地で我がもの顔で横暴で残忍な行為をしたかを指摘しておきたい。真っ先に上げられるのは、長州の世良修蔵の振る舞いである。世良の卑劣な挙動によって奥羽列藩同盟が成立することになるから、その行為は、奥羽各藩にとっては眼に余るものがあった。

世良が属した奥羽鎮撫総督府は、総督に九条道孝、副総督に沢為量《ためかず》、上《かみ》参謀に醍醐忠敬《ただゆき》をいただいていたが、いずれも公家で新政府の威光を示すだけの飾り物である。松島に上陸すると、総督府を仙台藩校の養賢堂に置いた。その実権を握っていたのが、下《しも》参謀の世良修蔵と薩摩の大山格之助（綱良《つなよし》）である。大山は、京都の寺田屋で同藩士を斬り殺している。下参謀といっても、上参謀が公家で戦いのことなど知らないために、作戦を立案し実行する実質的な司令官である。

奥羽鎮撫総督軍は、総数は五百五十人ほどで、世良は初めから奥羽諸藩を動員して、会津藩と庄内藩を討伐することを決めていた。京都守護で横暴だった会津藩と、江戸で薩摩藩邸を焼き討ちにした庄内藩は許せないということである。自分たちが行なった暴虐行為を棚に上げて、仕返しをしようというのである。

ところが、会津も庄内も、新政府に恭順の意向を示していた。松平容保《かたもり》は嘆願書を朝廷に差し出し、諸藩に和平の仲介を求めていた。それにもかかわらず世良は、米沢藩や仙台藩の仲介を拒否して、会津を攻めて容保の首を取るといって聞かない。世良は、仙台藩の出兵を執拗に求めて、ついには会津兵と対峙させたのである。

それでも仙台と米沢は、会津と和平の道を探り、容保の助命と鶴ヶ城の開城、家老三名の切腹という降伏条件を出した。鎮撫総督の九条道孝は、これで事を収めようとしたが、世良が強硬に反対し、「容保は朝敵の罪人である」と会津攻めの方針を変えようとしない。

世良修蔵は、奇兵隊の出身で、第二次長州征討や鳥羽・伏見の戦いに従軍した根っからの兵士で、政略にも軍略にも疎く、ただ闘争することが使命であると考える人物であった。同じ長州の品川弥二郎が、仙台藩家老の但木土佐《ただきとさ》に向かって、「奥羽鎮撫軍に世良が入っているが、とんでもなくひどいのが行くな」と同情したという。

そんな人物が、「天皇軍」「官軍」という権威に身を飾ってやって来たのであるから、その態度は傲慢の一言に尽きた。

仙台藩主の伊達慶邦《よしくに》を下座にすえて、上座から答礼もせずに「仙台中将」と呼び捨てにしたという。出兵をしぶる仙台藩士を「所詮、奥羽には目鼻の開いた者は見当たらず」と罵倒し、「女を出せ、酒を出せ」と威張り散らした。その挙動は「貪婪、酒色に荒淫《こういん》、醜聞聞くに堪《た》えざる事件」が枚挙に耐えないほどであったと、世良糾弾の太政官宛の建白書に書かれている。

下参謀の大山格之助と副総督らが庄内方面に行っていなくなると、その挙動は輪をかけてひどくなったようである。世良は、福島城下の金沢屋という旅籠に遊女を連れ込んでいた。そこから、新庄にいる大山格之助に宛てて、「奥羽皆敵と見て逆襲の大策」を考えなければならない。江戸にいる西郷隆盛と接触して、新政府軍を白河方面に結集させ、さらに援兵を船で酒田港に送って、会津と庄内を挟撃すべしという計画を打ち明けている。

ちなみに大山格之助は、のちに出身地の鹿児島県令となるが、軍事訓練所となる私学校の設立を援助し、西郷が挙兵した西南戦争でも何かと便宜を図った罪に問われて斬罪に処されている。

どこまでも武力行使を考える世良の態度を知った仙台藩士数名が、金沢屋を襲って世良の殺害を謀った。瀕死の傷を負った世良は、奥羽諸藩の重臣が集まっている白石に連行される途中、出血がひどいために阿武隈川の河原で斬首されている。三十四歳である。

世良暗殺を契機として、奥羽列藩同盟が成立、のちに越後の長岡藩など六藩が加わって奥羽越列藩同盟となる。世良は列藩同盟形成の導火線になったのであるが、それは凶暴で狭隘な人物が引き起した挙動が遠因になったのである。

もちろん、一人の人物が東北戊辰戦争を起したわけではないが、新政府軍の軍事目標がぐらついていたことにも大きな原因がある。西郷が下参謀となる東征軍は、慶喜《よしのぶ》の恭順と江戸城の開城をもって降伏したとする。だが、奥羽鎮撫軍の下参謀の世良は、恭順している会津藩を初めから征討するつもりで、奥羽各藩に強引に出兵を強要した。

そのため、恭順を示しても、いずれは自分たちも征討されると考えたのも無理はない。それほど世良の傍若無人な出兵強要と貪婪さは、奥羽の人びとを激昂させたのである。

薩長史観㉝

真相

長岡藩家老の河井継之助《つぎのすけ》は「官軍」に刃向かった逆賊である

和平を説いた河井は、征討軍の理不尽な態度のため、やむを得ず挙兵に踏み切った

世良《せら》修蔵が福島で暗殺された十日後、越後小千谷《おぢや》の慈眼寺《じげんじ》で劇的な会談が行なわれた。長岡藩家老の河井継之助と東山道総督府軍監の岩村精一郎（高俊）との会見である。岩村は土佐藩出身で、長崎で同藩の佐々木高行《たかゆき》からもらった紹介状を持って京都にいた中岡慎太郎の陸援隊に入った。その直後、中岡と坂本龍馬が暗殺された。犯人は、海難事故を起した紀州藩に龍馬が八万三千両の賠償金を支払わせたことに恨みを持つ同藩の三浦久太郎らである、と海援隊と陸援隊は断定した。陸奥陽之助（宗光）、斎原治一郎（大江卓《たく》）ら十五人が、三浦が宿泊している天満屋を襲った。その中に入隊したばかりの岩村精一郎がいた。

ちなみに陸奥宗光と大江卓は、西南戦争のとき挙兵を計画して獄に繋がれている。襲撃者の一人、十津川郷士の前岡力雄は、明治二年（一八六九）に横井小楠《しょうなん》を暗殺している。

岩村は、のちに長州人から「軽率で無思慮」といわれるが、腰の軽い血気盛んな人物であった。弱冠二十四歳の岩村は、東山道総督府の西園寺公望《きんもち》や長州の山県有朋《ありとも》、薩摩の黒田清隆《きよたか》に従って信州方面から越後に進攻した。その間、岩村は、次々に恭順してくる信州の各藩の対応から、彼らを取るに足りない者たちと見て、傲慢になっていたことは述懐からも窺われる。「錦《にしき》の御旗《みはた》」と「官軍」の前には恐れるものはない、とばかりに不遜で傲岸な態度であったことは、河井継之助への対応で如実に知ることができる。

河井継之助は長岡藩士で、江戸で佐久間象山や古賀謹一郎らに学び、さらに足を伸ばして備中松山藩の山田方谷《ほうこく》が唱える「知行合一」の陽明学と財政再建を学んでいる。長岡に戻ると果敢に藩改革を行ない、旧習となる藩の組織や財政に大鉈《おおなた》を振るって、長岡藩を再建した。しかもガトリング機関砲などの西洋の最新型の兵器を導入し、軍制の近代化を図っている。

河井は、日本の国内が対立し分裂する状況を見据えて、長岡藩の「武装中立」を考えるようになる。これは徹底した軍備によって他からの武力介入を許さずという強固な姿勢を示すことで「中立」を保ち、会津などと新政府軍との間を平和裏に和平斡旋《あっせん》しようというのである。河井は、坂本龍馬と同様、雄藩連合を構想していたのであろう。

中立を守るには、最新式の銃砲などの武装と軍制の断固たる確立が急務である。これが七万四千石の小藩である長岡藩が戦乱を免れる唯一の方策であると考えた。

河井は「武装中立」を守るために、岩村精一郎らが駐屯する小千谷の慈眼寺に赴く。岩村は左右に薩摩、長州の兵士を侍《はべ》らせて、河井と面した。信州の小藩の家老に対しても、こうすれば「官軍」の威光が保たれると思って威圧したのであろう。小藩の長岡藩の家老も、恐れ入ってひれ伏すと高をくくっていた。

ところが河井は、「長年の徳川家の恩を忘れて、王臣に変心した恭順の諸藩の所業は目に余るものがある。そんな徒輩が官軍に従っても意義あるものにはならない」と恭順した諸藩の態度を非難した。そこには当然、「官軍」と称するものへの批判が込められている。

そして河井は「いましばらく時間をいただいて藩論を統一したい。かつ会津、桑名、庄内の各藩を説得して、無益な戦をやめさせる」と断言した。桑名藩は、長岡の近くの柏崎に領地があり、そこに藩主の松平定敬《さだあき》がいた。定敬は、会津藩主・松平容保《かたもり》の実弟である。桑名藩士は、征討軍と徹底抗戦の構えであった。

河井は、征討軍と旧幕府軍を仲介して、和平に導くといったのである。ところが岩村は、河井の言葉に歯牙もかけない。すでに小千谷近くの小出《こいで》では、会津軍と征討軍が散発的ながら戦闘をくり返している。それを知っている岩村は、河井は単に時間稼ぎをしたいのだと考えた。岩村は、河井の嘆願を無視して、問答無用とばかりに席を蹴った。

だが、岩村の権勢を笠に着た対応は、河井の自尊心を傷つけたばかりか、誇り高い越後人の心情に深いしこりを残した。翌日も河井は慈眼寺に赴いて面談を求めるが、全く岩村は応じようとしない。ここにいたって河井は、長岡藩を守るために会津と手を結ぶことを決意した。その緒戦となる榎峠《えのきとうげ》と朝日山の戦いでは、長岡軍に会津軍、桑名軍が加わって壮絶な戦いを展開し、薩長軍を退けた。このとき、岩村に代わって仮参謀となった時山《ときやま》直八《なおはち》が戦死している。時山は、山県有朋と共に吉田松陰の門下生で、奇兵隊で戦ってきた人物である。松陰の松下村塾は、やはり戦闘集団を育成したのである。

岩村を追うようにして小千谷に入った山県は、岩村が贅沢な食膳を前にしているのを見て、土足のまま膳を蹴り上げたという。傲岸不遜といわれる山県が怒ったのであるから、岩村の振る舞いにはよほど腹に据えかねるものがあったのであろう。

薩長史観㉞

戊辰《ぼしん》戦争で奥羽越列藩同盟軍は各方面で簡単に粉砕されて「官軍」の軍門に下った

真相

越後方面の北越戊辰戦争では、河井継之助《つぎのすけ》の指揮で同盟軍は三カ月にもわたって奮戦し、山県有朋《ありとも》を裸で敗走させた

河井継之助は、内戦を直ちにやめて日本国民が一和協力すべきであると説き、長岡藩は中立の立場を堅持しながら、会津と桑名と和議すべきであると理路整然と説いて、嘆願書を東山道総督府軍監の岩村精一郎に渡そうとした。だが、岩村は、官軍は詔勅《しょうちょく》を奉じて朝敵を討伐しにきたのであって議論しにきたのではない、と耳を傾けようとしない。河井

は幾度も和平を斡旋《あっせん》すると説いたが、岩村は激昂して席を立った（前節）。

岩村精一郎は、河井継之助との会談について後年、言い訳めいた述懐をしている。

「河井の人物経歴は、今にいたってようやく知るところとなったが、当時は、信州各藩の家老と同じく門閥出の馬鹿家老だと思った。河井の人物を知っていれば、談判のしようもあったろうが、頭から河井の話を退けて取り合わず、ついに破裂に及んだ」

岩村がこのような話を残したのは、この会談の決裂によって河井が率いる長岡藩や会津などの同盟軍が三カ月にわたって征討軍を翻弄、撃破して、総督の西園寺公望《きんもち》や参謀の山県有朋《ありとも》を退却させたことへの批判が強くあったからであろう。西園寺は馬の背に逆に乗って遁走し、山県は裸で逃げたともいわれている。

岩村と同席していたと称する肥後の米田虎雄は、小千谷《おぢや》会談の顛末について、やはり言い訳めいた話の中で、河井との会談相手が西郷隆盛であったなら長岡藩を慰撫《いぶ》して開城させたであろうといっているが、果たしてそうであろうか。

「越後長岡の凄惨を極めた戦争は、岩村その人に帰結する。岩村は、しきりに官軍風を吹かせ、無礼にも軍礼を無視したところから、河井に反抗の決意を固めさせた。そのため多くの兵を小藩の長岡に集中し、悪戦苦闘することになった。その間、前後七回の激戦において官軍が勝利したのは、ただの一回に過ぎない。

河井という男は、備中の陽明学者の山田方谷《ほうこく》の塾生中の俊傑で、長州の高杉晋作《しんさく》と並び称される見識のある真の武士であるから、西郷隆盛が越後に来ていたら、あの度量で長岡一藩を慰撫して無事に開城させたであろう。惜しむべきことである」

西郷の「あの度量」というのは、勝海舟と江戸城明け渡しで談判し、無血開城に導いたことをいうのであろう。だが、この会談は、征討軍の圧倒的に優位な条件を勝海舟が呑むことで行なわれたもので、西郷が、河井の武装中立の立場から会津などの同盟軍との和平を仲介する献策に耳を貸したとは思われない。

武闘派の西郷は、むしろ長岡藩の武装解除を求め、さらに会津への先鋒として長岡藩兵を差し向けさせたであろう。あるいは岩村と同じように頭ごなしに、恭順して三万両を出せ、さもなければ干戈《かんか》を交えると迫ったであろう。この時点で西郷は、得意の権謀術数を用いることなく、本来彼が持っている武力統制で朝敵の撃破を狙ったはずである。

それにしてもおかしいのは、征討軍の内部で、この北越戊辰戦争の責任を擦り付け合っていることである。征討軍が九百人以上を失い、戊辰戦争で最大の犠牲を強いられたからである。明治になって長州の品川弥二郎は、同じ長州閥の山県有朋に対して、「なぜ、岩村のような小僧を談判に出したのか」と責めている。山県は、薩摩の黒田清隆《きよたか》と小千谷の近くまで来ていたのである。

品川は、「山県か黒田のいずれかが会談に臨めば、河井の器量が分かったはずで、北越戦争は避けられた」と難詰すると、山県は「談判決裂の報が届いて、河井を本営に留めて置くように伝えたが、手遅れだった」と弁解している。黒田もまた「河井と会見していたら、円満に解決していたであろう。残念なことだ」と語っている。

いずれも、河井継之助を敵陣に走らせたことが、北越戊辰戦争の原因となったことを認めている。それほど、この戦いは河井の指揮のもとで熾烈を極めたのである。

征討軍は四十藩を動員し、やがて総兵力は三万人に達した。一方の奥羽越列藩同盟軍の兵力は最大時で八千人に過ぎない。征討軍は、榎峠《えのきとうげ》と朝日山の争奪戦で敗退すると、その後、信濃川を渡河して長岡城を征圧した。

それでも河井は、撤退して戦線を立て直し、同盟軍とともに征討軍に抗し続けている。やがて、征討軍本営が置かれた今町《いままち》を攻略し、逆襲に転じる。夜陰に紛れて八丁沖《はっちょうおき》といわれる広大な沼沢を六時間かけて渡り、征討軍を奇襲し、長岡城を奪還している。このとき、西園寺や山県の奇妙な敗走ぶりが目立ったという（159ページ）。

河井は兵力に勝る征討軍と互角以上の戦いぶりを見せた。だが、その後負傷して、藩主の牧野忠訓《ただくに》がいる会津に向かう途中の只見《ただみ》の塩沢で亡くなっている。薩長史観では北越戊辰戦争を語ることはあまりないのは、誇るべき勝利ではなかったからである。

薩長史観㉟

朝敵会津を徹底的に討伐することは正当なことであり、正々堂々と行なわれた官軍の軍事行動である

真相

負傷者の殺害、人肉食、強奪、強姦など新政府軍は徹底的に会津を蹂躙した

奥州の白河は、二本松・福島・仙台・盛岡・青森に通じる奥州街道と、会津に至る白河街道がある交通の要地である。「会津を討つ」ことが征討軍に課せられた至上命令である。そのため、奥羽列藩同盟軍がいる白河を攻略することは、奥羽征討総督府軍の参謀となる薩摩の伊地知《いじち》正治と、のちに援軍として参加する参謀の土佐の板垣退助《たいすけ》にとって、避けら

れない戦いである。軍監は、薩摩の人斬り半次郎こと桐野利秋《としあき》であった。

慶応四年（一八六八）五月一日、白河を総攻撃した征討軍の前に同盟軍は、七百人の戦死者と多くの捕虜を出して撤退した。七百人の戦死というのは、どういうことなのか。捕虜になった数十人が征討軍によって次から次と斬首されていることから、恐らく負傷した人を斬り殺したのであろう。

イギリス公使館の医師であるウィリアム・ウィリスは、征討軍の依頼で負傷者の治療にあたった。江戸の上野戦争で負傷兵を治療したウィリスは、負傷して捕虜になった彰義隊員が治療されることもなく斬首されていることに驚いている。

ウィリスは、征討軍に従って新潟や会津に行って治療活動をしていたが、驚くべきことに、敵となる列藩同盟軍の負傷した捕虜を一人も見ていないと言っている。その理由は、敵の負傷兵がすべて皆殺しにされているからだと断言している。

ウィリスは、征討軍を「御門《みかど》（天皇）軍」と記している。そして、自分は御門軍に敵対する者たちに同情しているわけではないが、敵方の負傷兵を無差別に殺害していることを世界の文明国が聞けば、蛮行ぶりに慄《おの》くであろうと日本の当局に警告した、と語っている。しかし、これは無視されて、その後も残虐な殺害がくり返されたのである。

捕虜の殺害ばかりではない。死んだ兵士の腹を抉《えぐ》って肝臓を取り出して食べたというのである。会津では、薩長人が敵の死骸を持ってきて、肉を削り食うという噂が立っていた。これは、すでに上野戦争でも「官軍」の人肉食として囁かれていたものであるが（119ページ）、征討軍が進攻する各地で見られたものであったようである。

会津城下に攻め込んだ征討軍の参謀は、次のような沙汰書を出して残虐な行為を戒めなければならないほどであった。

「討ち取り候処の賊死体の腹を屠《ほふ》り肉を刻み、残酷の振舞……以ての外の事に候、賊と言えども同じく皇国の赤子《せきし》、右等粗暴の処置これ無きよう兵隊末々まで申し渡す旨、御沙汰候事」

この沙汰書からみれば、やはり人肉食が平然と行なわれていたのである。これが薩長を主体とする征討軍の実態であった。

会津の悲劇はまだある。奥羽征討総督府軍が、会津に進攻すると、戦闘以外にも暴虐の限りを尽くしたことである。

戦死した会津兵の遺体は、埋葬することが許されずに放置され、腐敗するに任せた。これは上野戦争や北越戊辰《ぼしん》戦争でも見られたことである。既述したが、敵味方であっても戦死者を懇《ねんご》ろに弔うことは日本古来の美風であるが、薩長はこれを禁じた。埋葬が許されたのは半年後のことであったというから、会津は死臭に満ちていたのである。

そんな死臭が漂う中で、薩長とこれに加担する征討軍の各藩の兵士は、強奪と強姦の限りを尽くす。その実態を記した『会津戊辰戦史』などには、その行状が克明に書かれている。

「王師《おうし》（天皇の軍隊）と称して、商家や農家を問わずに家財を分捕って、薩摩分捕り、長州分捕りと公然と標札を立てる。男女老若を殺戮し、強姦を公然のこととし、陣屋の宿に市井《しせい》の妻娘を捕らえてきて侍妾として、分捕ってきた衣食酒肴で豪奢な酒宴を開く」

「無辜《むこ》を殺害し、民家を焼き払い、家財を侵掠《しんりゃく》する。通過する所で殺傷、焚掠《ふんりゃく》甚だしく、先を争って婦女を犯して殺害する」

という有様であった。これは天皇の軍隊と称する日本帝国陸軍が、日中戦争などで行なった蛮行と余りにも驚くほど類似している。これは偶然の一致ではなく、薩長によってつくられた明治政府と帝国陸軍の体質が連綿として引き継がれたものであるといわざるを得ない。

こうした蛮行は奥羽の各地で行なわれたものであるが、挙句には、「白河以北一山百文《しらかわいほくひとやまひゃくもん》」と東北地方は一山百文で荒地ばかりだと蔑視されるようになる。岩手出身で総理大臣になった原敬《はらたかし》は、憤りを込めて「一山」と号したほどである。しかも官吏への登用は薩長に偏重して、東北の優れた人材は軽視され続けた。薩長は東北を蔑視し続けたのである。

薩長史観㊱

真相

会津藩以外の同盟軍の藩は大した抵抗を見せることなく降伏した

長岡藩のほかにも庄内藩は「官軍」を寄せつけず、薩摩兵と互角に戦って勇猛さを見せた

惨憺たる会津戦争の実態は多くの史書に残されているが、「薩長史観」では語られることが少なかった庄内藩の奮戦に触れておきたい。

酒井忠篤《ただずみ》を藩主に仰ぐ庄内藩は、鶴岡藩ともいうが十四万石（戊辰《ぼしん》戦争時は十七万石）の譜代大名で、外様大名が多い奥羽地方にあって、会津藩と共に徳川家に忠誠を尽くす藩

とされていた。

庄内藩は、江戸市中取締役となったときから薩摩と反目する関係にあった。薩摩は、西郷隆盛の指令で江戸市中を騒擾《そうじょう》化して「薩摩御用盗《ごようとう》」といわれる略奪と放火をくり返した。それを取り締まり、薩摩藩邸を焼き討ちにしたのが庄内藩である。

薩摩は庄内藩を逆恨みして、奥羽鎮撫軍を差し向けた。薩摩藩士の下《しも》参謀大山格之助が副総督の沢為量《ためかず》を伴っていち早く新庄に進んだのは、庄内を討伐するためであった。奥羽の戊辰戦争で初めて戦火が交わされたのが、庄内兵と薩摩兵・新庄兵が対戦した庄内領の清川である。

初めは新式銃を持つ薩摩兵が優勢であったが、支藩の松山藩や鶴岡城から出兵して来た援軍で薩摩兵を撃退した。

庄内兵は天童を襲って征討軍を追い払い、副総督の沢為量は新庄を脱出して秋田に向かった。さらに庄内兵は、新庄、本荘、亀田を攻めて無敵を誇った。

庄内兵の奮戦を支えたのが、酒田の豪農本間家である。本間家は北前船《きたまえぶね》を使った廻船で莫大な富を築き、酒田周辺の大地主になっていた。開戦当時の六代光美《こうび》は、庄内藩に五万両の武器弾薬を提供している。一説では、総額十数万両を藩に献納したという。戦後の賠償では五万両を新政府に献じてもいた。

庄内兵は、七連発のスペンサー銃などの最新式の銃砲や大量の弾薬を手にして、一時は、新政府側についた秋田藩にまで攻め込んでいる。これに対して秋田藩は、古風な出陣ぶりで、従者に槍や寝具などを持参させて、征討軍総督府から、無益の従卒を召し連れて出軍して機動力を欠いていると叱責されている。

さらに秋田藩はアメリカ軍船を購入するが、これにロシア国旗を掲げて庄内の鼠ケ関《ねずがせき》に接近して砲撃を加えた。庄内藩が直ちに箱館（箱館）にいるロシア領事に抗議するという事態になった。秋田藩の国旗偽装は国辱的な行為で、これを見逃していた征討軍の国際感覚が疑われても仕方のないものである。

江戸初期に勃発した島原の乱で、幕府はオランダ船二隻を回航させて海上から一揆方が籠る原城を砲撃させたことがあったが、国辱ものだとの非難の声が上がったために中止されている。

征討軍は、外国軍の協力こそ求めなかったが、坂本龍馬が熟読し、幕府の海軍が遵守した国際法の「万国公法」に通じていなかったのである。

庄内藩は、しだいに奥羽諸藩が征討軍に恭順・降伏の方針に傾いていくと、孤立を恐れて秋田戦線から退却する。庄内藩が降伏したのは、会津降伏の四日後のことで、奥羽では最後に征討軍に屈している。

奥羽における征討軍の主軸となった薩摩兵の暴虐ぶりを知った米沢藩士の雲井龍雄は、「討薩《とうさつ》の檄《げき》」といわれる檄文に怒りをぶつけている。

「薩賊《さつぞく》の兵、通過する所の地を侵掠《しんりゃく》し、財物を盗み取り、婦女を強姦し、殺戮するなど残酷極まる醜態を曝《さら》した。それにもかかわらず、厚かましくも官軍と称している」

雲井は明治三年（一八七〇）に、薩長の専制を不満として、新政府高官の暗殺を企てて逮捕、斬首されている。

庄内藩は果敢に征討軍に挑み続け、ついには降伏したが、報復に慄《おのの》いた。ところが、思いがけず西郷隆盛から寛大な処置を受ける。これに感謝して、のちに庄内に南洲《なんしゅう》神社まで造られている。西郷は戊辰戦争では、ほとんど出番がなく、ようやく庄内に着いたときには戦いが終わっていたというのが実情であった。しかも多額の戦後賠償金をせしめることができたのであるから、寛大に振る舞ったのであろう。

ちなみに、会津の松平容保《かたもり》は死一等減じられて謹慎となり二十三万石から三万石となったが、庄内の酒井忠篤は封土没収で謹慎となるが十七万石から十二万石に減じられただけであった。

敵であっても互角に奮戦した相手は、さすがの薩摩もその力を認めざるを得なかったのかもしれない。

薩長史観㊲

真相

徳川家に家名存続を許し七十万石を与えたのは、新政府の寛大な思いやりであった

静岡藩七十万石は懲罰的な処置であり、旧幕臣と家族は塗炭の苦しい生活を送らされた

慶応四年（一八六八）五月、徳川宗家を継いだ田安亀之助（家達《いえさと》）は、朝廷から駿河・遠江などで七十万石を与えられて、静岡藩主になった。八百万石あった徳川家は十分の一にも満たない減封処分を受けた。薩長が強硬に主張した「辞官納地《じかんのうち》」が強行されたのである。しかも江戸にある幕臣たちの家屋は「上地《じょうち》を命ず」の一令で没収され、代わって薩

長人たちの屋敷になった。駿河台にあった小栗上野介《こうずけのすけ》の私邸は、土佐の土方久元《ひさもと》が勝手に住み着いている。

徳川家の家臣は約三万人であったが、七十万石の大名が抱えることのできる藩士は、せいぜい五千人である。残りの二万五千人とその家族は路頭に迷うことになる。薩長は、それを見越したうえで、減封を断行して徳川家の財力と武力を解体した。

もっとも静岡藩に移行することができた家臣であっても俸禄は削減され、しかも静岡藩の所領が引き渡されたのが一年後になったから、その間、徳川家には収入が全くない。それでも幕臣のほぼ半数が家族を連れて静岡藩内に移住した。その数は四万人とも五万人ともいわれている。残りの一万数千人は静岡には行かずに江戸に残って商売をしたりするが、武家の商法といわれたように、その多くは失敗して四散するという憂き目を見ることになる。隠居した徳川慶喜《よしのぶ》も静岡に住んで三十年ほど暮らしている。

無禄になった幕臣と家族たちは、裏店や農家の小屋に仮住まいしながら、慣れない農業や商売に転じた。抱えてきた家財を売る古道具屋や古着屋、小間物屋、米屋などを開く。多かったのは団子屋、汁粉屋などであった。農業に転じた中には茶の栽培に乗り出した人もいたが、その多くは挫折していく。

直参旗本で海軍副総裁の榎本武揚《たけあき》が、幕臣の窮状を救済するために北海道の一部を徳川家に下付《かふ》して欲しいと誓願したが、新政府は拒絶した。すでに勝海舟は、幕臣たちを北海道の開拓に向けようと画策していたが、実現することはなかった。薩長主体の新政府は頼るにたりないと考えた榎本は、北海道に新政権を樹立して、外国から承認を受けた国家の形成を決意した。独断的な薩長政権に対して、合議制による「北海道共和国」ともいうべき独立国を目指したのである（次節）。これは薩長政権によって粉砕されるが、少なくともそこには、薩長が考慮さえしない窮民の救済という視点があった。

静岡藩での幕臣と家族は、地を這いながら生活するが、それは、会津藩二十三万石から斗南《となみ》藩三万石へと落とされた会津の人びとの凄惨な生活と比べれば、まだマシであった。勝海舟は、幕府を崩壊させた贖罪のためか家族と一時、静岡に住んだことがあったが、その生活の背景には常に薩長の威光があったことはいうまでもない。

勝は、新政府に再三呼び出されて静岡から上京している。箱舘（箱館）で反逆を企てている旧幕臣を征討するために徳川慶喜を派遣したいという相談である。慶喜が征討総督になれば、榎本武揚ら幕臣は柔順になると考えたのであろうが、いかにも出来たてで無定見な薩長政権のやりそうなことである、ところが一日にして、慶喜ではまずいというので、弟で水戸藩主の昭武がいいということになるが、やはり取り消されている。結局、現地を知っている公家の清水谷公考《きんなる》が総督になっている。まさに朝令暮改である。

当時、明治新政府の内情はバラバラで行政の態をなしていなかった。議定と参与はいたものの終日、坐禅と欠伸《あくび》と煙草のほかには用はない状態であった。政権担当の能力のない薩長の人士は威張るだけである。これが明治政府のスタートの実態であった。

ところで上野戦争のとき、砲声を聞きながら慶応義塾で授業をしていた福沢諭吉は、のちに「瘠我慢《やせがまん》の説」という文章で、旧幕臣でありながら明治政府の禄《ろく》を食《は》んで高位高官に上っている勝海舟と榎本武揚を痛烈に批判している。勝海舟が薩長に対して、ひたすら講和の姿勢を見せて幕府を崩壊させたことについては、

「(薩長に)和議を説き、遂《つい》に江戸城解城となり、徳川七十万石の新封となりで無事に局を結びたり。実に不可思議千万なる事……二百七十年の大政府が二、三強藩の兵力に対して、毫《ごう》も敵対の意なく、和を議し哀れを乞うて止《や》まずとは、古今世界中に未だその例を見ずとて、竊《ひそか》に冷笑したるも謂《いわ》れなきに非ず」

と非難している。福沢は、薩長の兵力の前に屈して、戦うこともなく講和を求めた勝の態度は、世界でも類を見ないものであると怒りをぶつけている。そこには、薩長の横暴な政権奪取への非難が込められている。福沢は、新政府に対抗して「北海道共和国」の総裁となりながら、降伏すると明治政府の外務・農商など主要大臣をつとめた榎本武揚の無節操も非難している。

薩長史観㊳

榎本武揚《たけあき》の「北海道共和国」独立構想は日本を分裂するもので許される余地は全くなかった

真相

新政府が見捨てた困窮する旧幕臣を救うため「北海道共和国」は建国されたものである

福沢諭吉は「瘠我慢《やせがまん》の説」で榎本武揚を、明治新政府と戦って敗北したにもかかわらず、政府に仕えるとは何事か、野《や》に下って節を全うすべきであると批判しているが、勝算がないのに新政府軍と戦ったのは、幕府に義を立てたもので立派であるとも説いている。もちろん福沢は、薩長によって成立した明治政府に我慢がならなかったことの憤りを、政府に屈した勝海舟と榎本武揚にぶつけたのである。

榎本は、初めは、薩長中心の新政府の実態を看破していた。

「王政一新は皇国の幸福で、私も希望するものである。だが、今の政体は公明正大ではない。我が主君（慶喜《よしのぶ》）に朝敵の汚名を着せ、城地を没収して祖先の墳墓を棄てて祭らせない。旧臣の領地を官有とするなど、これは強藩の私意であって、真正の王政ではない」

榎本が、幕府の軍艦で北海道に向かったのは、八百万石から七十万石に削減された幕臣たちの窮状を救済するためである。榎本は、北海道の一部を徳川家に下付《かふ》して欲しいと嘆願したが、新政府は拒絶した。北海道に行ってからも、しばしば新政府に嘆願書を出している。

徳川家に養われた家臣と家族たち三十万人余は、静岡に与えられた七十万石ではとても養いきれるものではない。北海道を開拓して同時に北方の警備に努めるので、徳川家への永久下賜と徳川血族の者を選んで欲しい、というものである。

この榎本の思いは強く、イギリス、フランスの公使に対して、「この東西蝦夷《えぞ》地をわが徳川親族に与えて、この地に封じて開拓せしめ、徳川士民の凍餓《とうが》を免れせしめ、隣国の窺《き》窬《ゆ》を防ぐ」といっている。だが、新政府はこれを拒否して、征討軍を差し向けた。榎本の建国した「北海道共和国」は、日本を分裂させる反逆行為であって、断じて許すことはできないというものである。

ところが京都の新政府は、初めは北海道のことには関心を全く寄せていなかった。幕府が奉行所を置いて諸外国の船舶を監視していた重要な港にもかかわらず、箱館（箱館）までは気が回らなかった。王政復古や鳥羽・伏見の戦いの情報を受けた幕府は、慶応四年（一八六八）三月には、箱館奉行に対して箱館を新政府に引き渡すことを指示していた。新政府がようやく箱館の重要性に気づいたのは四月で、江戸城が開城した直後である。公家の清水谷公考《きんなる》が総督となって箱館奉行所の業務を引き継いだのは五月になってからであった。

旧幕府軍を率いた榎本が新政府軍を追い払って、箱館を支配し、五稜郭《ごりょうかく》を占拠したのは十月の中旬である。十二月には、選挙によって榎本を総裁とする役職者が決められ、ここに「北海道共和国」が樹立される。だが欧米諸国は、新政府の圧力で共和国の独立を認めるまでには至らなかった。しかも東北の戦争を終わらせた新政府は、長州の品川弥二郎、山田顕義《あきよし》、薩摩の黒田清隆《きよたか》を参謀とする征討軍を青森に次々に送り込んできた。

翌明治二年三月、共和国軍は劣勢を挽回するために宮古湾に停泊する征討軍の艦船に奇襲を企てたが失敗、四月には征討軍の北海道上陸を許している。その総勢は薩摩・長州・水戸・松前・津軽などの各藩兵五千五百人といわれる。圧倒的な兵力と艦船で共和国軍を箱館に追いつめて降伏させている。明治政府は、北海道の独立を許すことはなかったが、領土的野心は旺盛で、明治五年には沖縄の琉球《りゅうきゅう》王朝の独立を否定して支配している。

先に奥羽征討軍の残虐行為に触れたが、北海道の箱館でも同じことが行なわれようとしていた。征討軍は、敵味方が収容されている箱館病院に発砲して乱入、傷病兵を襲っている。このとき、それまで日本にはなかった、敵味方を問わず傷病者を治療する赤十字的な医療行為が箱館病院で行なわれていた。

共和国軍は、征討軍の負傷者を箱館病院に収容して治療を施《ほどこ》し、平癒した者を内地に送還していた。だが征討軍は、病院に乱入して暴行を働こうとする。これを身をもって阻止したのが、病院長の高松凌雲《りょううん》である。それをしなければ、明治新政府は国際的な汚名を浴びることになったのである。高松凌雲は、福岡小郡《おごおり》の出身で、パリ万博の幕府使節団に同行し、そのままパリで平等を旨とする医学を学んでいる。幕府の恩に報いるために箱館で病院を開設して、赤十字事業に匹敵する医療活動を行なっていたのである。戦後は官職に就くことなく、民間医療の普及を図った。

榎本総裁の降伏によって共和国は崩壊し、ここに一年半続いた戊辰《ぼしん》戦争は終結する。明治二年（一八六九）五月のことである。避けられた戦争を強行した薩長は、多くの人々に犠牲を強いて、深い遺恨を残したのである。

薩長史観㊴

真相

松平容保《かたもり》の命を助け会津藩を斗南《となみ》藩として存続させたのは、明治政府の温情あふれる寛典である

会津藩士と家族は、下北半島で地を這う生活を強いられるという、極めて重い懲罰を科された

慶応四年（一八六八）九月八日に明治と改元されると、九月二十日に明治天皇は京都を発って江戸に向かった。会津藩が降伏する二日前である。十月十三日、明治天皇は江戸城に入ると、東京城と改めて皇居と定めた。

天皇の行幸《ぎょうこう》に際して、江戸にいた三条実美《さねとみ》は岩倉具視《ともみ》に宛てて、

「徳川家に七十万石を下賜したから、幕臣たちの扶育の道が立つことであろう。不満の輩が暴動を企てたとしても、その責任は徳川家に帰して鎮撫すればよい。江戸行幸には問題はない」

と書状を送っている。しかも、江戸市民に天恩（天皇の恩恵）を授けるには「金子《きんす》」を下賜すればよい。それによって朝威は高まる、とも述べている。金という恩典によって江戸市民を懐柔できるというのである。ところが、財政難のために下賜金は見送られ、代わりに「天盃《てんぱい》」として酒が配られた。

市民の人心収攬《しゅうらん》に気遣いをする一方で、新政府の会津藩への処分は苛酷なものであった。藩主の松平容保をはじめ家老たちは、永預り・永禁錮となって各大名に預けられた。もちろん二十三万石は没収され、家名は断絶になった。

明治新政府によって家名の再興が許されたのは、降伏から一年後の明治二年（一八六九）九月である。大名家として家名が再興されたのであるから、会津の遺臣たちは武士としての身分を回復するばかりか、知行地も必要となる。そこで政府は、二十三万石を減じて三万石を与えて、本州北端の下北半島に追いやった。

辺境の地に封じ込めることを強硬に主張したのが、長州の木戸孝允《たかよし》である。木戸は病的なほどに会津藩士を恐れ忌み嫌い、根絶やしさえも考えたようである。

木戸は、初めは、旧会津藩士とその家族の一万二千人を北海道に移住させ、残りの五千人を盛岡藩の北方に移すとして、その計画立案を兵部省の大村益次郎に命じた。

大村が移住計画を立てて実行に移す直前に、北海道の開墾は兵部省から開拓使に移されると、開拓次官になった薩摩の黒田清隆《きよたか》は「武士では開墾はできない」と計画に反対した。

そのため、下北半島に斗南藩三万石が与えられて、一万七千人が移り住んだのである。だが、その地は寒冷不毛で、実質七千石あるかないかと危ぶまれた。木戸は何が何でも生死に関わる懲罰を会津藩士に下したかったのである。

薩長閥の中で会津出身者として白眼視されながら陸軍大将にまで登りつめた柴五郎は、少年期に斗南藩で悲惨な生活を体験した一人である。

柴家は三百石の家禄であったが、斗南では藩からわずかな米が支給されるだけで、到底足りない。救米に山菜を加えたり、海藻を煮たり、馬に食べさせる雑穀など食べられるものは何でも口にした。

塩漬けにした野良犬を二十日も食べ続けたこともあった。最初は喉を通らなかったが、父親から、

「武士は戦場では何でも食べるものだ。会津の武士が餓死したとなれば、薩長の下郎《げろう》ども

に笑われるぞ」

といわれて我慢して口にした。住まいの小屋には畳はなく、板敷きに藁《わら》を積んで筵《むしろ》を敷いた。破れた障子には、米俵を縄で縛って風を防ぐ。陸奥湾から吹きつける寒風で、炉辺でも食べ物は凍りつく。炉辺で藁にもぐって寝るが、五郎は熱病にかかって四十日も立つことができず、髪の毛が抜けて、一時はどうなるか分からない病状になった。

こうした困窮の生活で、病気になって亡くなる人も少なくなかった。藩の権大参事の山川浩は、政府や会津の旧庁に救済を願い出たが、はかばかしい結果ではない。「これが天《てん》子《し》さまの寛典なのか」といった憤激の声が洩れる。廃藩置県で斗南藩は消滅し、やがて旧会津藩士とその家族は四散していく。木戸孝允の薄ら笑いが眼に浮かぶような「会津処分」である。

武力によって強引に推し進めて勝ち取った明治維新は、天皇国家となる日本をつくり出すが、それは暴力と強奪、人身毀損の数々の凶行で成り立つものであった。

「勝てば官軍」と、何を行なっても勝てばよいという言葉が実感されるのが明治維新であるが、その体質は明治政府に受け継がれ、やがて太平洋戦争で敗北するまでの七十七年間続くことになる。これを容認して支えていたのが「薩長史観」であった。そして、この歴史観は現在も続いている。

薩長史観㊵

真相

靖国神社は、天皇の赤子《せきし》として国家に殉じた忠誠者の御霊《みたま》を平等に祀るものである

「賊軍」を排除する靖国神社は、薩長史観の本質を露骨に示すものである

薩長を中心とする明治新政府は、独断的に偏重する宗教政策をとった。「神仏分離令」と靖国神社の設置である。

水戸藩では、徳川光圀《みつくに》以来の水戸学は、外来のものとして仏教を忌み嫌い、代わりに日本古来の天皇を神と崇《あが》める神道に心酔した。この水戸学が、外国勢を排斥する攘夷《じょうい》運動

と、天皇を尊崇する尊皇思想となって、薩長をはじめとする討幕思想の原点となる。

慶応三年（一八六七）、王政復古の大号令が出された。神武《じんむ》天皇の建国に範をとって、神となる天皇を絶対的な頂点とする祭政一致の政治体制をとることを宣言した。これによって、国家神道の道筋がつけられ、やがて天皇を現人神《あらひとがみ》とする信仰体制が出現した。その一方、中世以来の神仏習合で神道と一体化されていた仏教は、一方的に排斥された。

慶応四年（一八六八）に出された「神仏分離令」によって、神社の権現・菩薩などの仏教的な神号を廃して、経巻や仏具が取り除かれた。これにより、多くの神社に付設されていた神宮寺や別当寺の堂塔・伽藍は破壊された。「神仏分離令」が廃仏毀釈《はいぶつきしゃく》へと展開したのである。奈良の興福寺では、僧侶は還俗して春日大社の神職になった。堂塔・伽藍は西大寺や唐招提寺の預りとなり、多くの堂宇が破壊された。五重塔はわずかな金額で売り出された。買い主は金属類を取るために塔を焼こうとしたが、住民の抗議でやめている。

こうした廃仏毀釈は、薩摩・土佐・隠岐・佐渡などの各地で起こり、松本藩では藩主が率先して菩提寺を取り壊し、多くの寺院が廃された。富山藩では一宗一寺令が出され、僧侶の還俗が強制された。浄土真宗の二百三十二カ寺、禅宗の四十カ寺などを含む寺院は、それぞれ一カ寺に合寺させるというものである。これには各教団あげて反対し、明治政府に廃合寺院の緩和を働きかけた結果、明治四年（一八七一）ころから宗教政策に転換がなされ、神道とあわせて仏教も国家統制に利用するようになった。廃仏毀釈は、日本の伝統となる精神文化や貴重な文化財の多くを破壊して、大きな過根を残した。

さらに政府は、九州で、キリスト教徒への弾圧を強行している。それまで潜伏していた信者たちは、長崎の大浦に天主堂が建てられると、その信仰を公然と表わした。これに対して政府は、四千人もの信者と家族を逮捕、十九藩に分けて投獄して棄教を迫った。

政府は、天皇を中心とする神道国家の信仰を確立するために、仏教とキリスト教を排斥したのであるが、仏教教団や外国公使らの反対にあって、いずれも頓挫している。だが、信教の自由は保障されず、国家体制にとって都合のよい宗教だけが認められるようになる。これは太平洋戦争の敗戦まで続いた。

神仏分離令が強行されると同時に、薩長史観の本質を示す宗教施設が設立された。靖国神社である。靖国神社は東京招魂社として明治二年（一八六九）に長州の木戸孝允《たかよし》や大村益次郎らが設立を建言、明治天皇のご沙汰で設立された。戊辰《ぼしん》戦争の「官軍」の戦没者の慰霊のために各地で「招魂社」が創られ、その中心となったのが九段の靖国神社である。

東京招魂社で第一回の招魂祭が開かれたのは六月二十九日で、合祀されたのは戊辰戦争の「官軍」側の戦没者三千五百八十八人。それ以降、尊皇運動をして死亡し「国難殉難者」と認定された者以外、旧幕府軍や「賊軍」は一人として祀られていない。戊辰戦争での会津藩や長岡藩などの戦死者は祀られていないのだ。

官軍か朝敵かで合祀が決められたが、明治十六年（一八八三）の第十三回合祀で土佐勤王党などが合祀対象として認定されると、その後いっきに祭神が増加していき、坂本龍馬や中岡慎太郎も含まれるようになる。禁門《きんもん》の変で戦死した会津藩士は「朝廷を守護した」として合祀されているが、天皇や朝廷に向かって矢を向けた長州の久坂玄瑞《くさかげんずい》や真木和泉《いずみ》も合祀されている。明治維新で活躍したものの、西南戦争で「朝敵」となった西郷隆盛や桐野利秋《としあき》は合祀されていない。「賊軍」を排除する合祀の認定は、薩長の権勢者の恣意によって行なわれ、誰を祭神とするかが決められた。靖国神社の有り様《よう》は、薩長史観の本質を顕わにするものである。

靖国神社の合祀は、萩の乱や西南戦争などの国内の騒乱で戦死した政府軍兵士が対象とされ、政府に楯突いた者は排除された。さらに日清・日露戦争をへて日中戦争から太平洋戦争で戦没した人たちを天皇のために国家に殉じたとして、その御霊が祀られた。二百四十六万六千人余であるが、一般人の戦争被害者は含まれていない。

靖国神社は、国家に殉じた兵士たちの「名誉ある死の祭壇」となって、戦争を正当化する宗教施設として利用された。それを創り出したのが、「朝敵」を徹底的に排除した長州と薩摩中心の明治政府であった。

あとがき

かくして「薩長史観」が日本を破滅に導いた

明治維新の最大の功労者といわれるのが、薩摩では西郷隆盛、大久保利通《としみち》であり、長州では木戸孝允《たかよし》、山県有朋《ありとも》、伊藤博文である。

このうちで、実際に人を殺《あや》めたのが、西郷と伊藤であるが、ほかの人物も積極的に戦争を惹起して多くの犠牲者を出した点では、殺戮者の名をつけてもよい。

血にまみれ、多くの人を死に追いやってできたのが、明治政府である。そのため明治政府の体質は、その成立から闘争を是とする軍事的志向を持っていた。彼らは、天皇を神聖なものとして戴くことで、その凶暴性を隠蔽して、正当化した。

天皇信仰を確立するために、伊勢神宮や靖国神社を崇拝して、国家神道を国民に強制した。そのために行なったのが、仏教寺院を外来のものとして否定した廃仏毀釈《はいぶつきしゃく》である。古来の日本文化を否定して、天皇を中心とする国家を形成したのが、明治の元勲といわれる人たちである。

一例を挙げれば、天皇のために死んでいった人を祀る靖国神社は、明治維新はもとより、日清・日露戦争や日中戦争から太平洋戦争で戦没した「英霊」を、国家のため天皇のために命を捧げたとして顕彰する。

それは戦後になっても継承され、昭和天皇が不快感を示し、参拝しないと言明されたが、戦争責任を問われてA級戦犯となった人でも合祀されている。「薩長史観」に支えられる彼らの意識は、天皇の意向など無視してでも、国家に尽くす愛国心を讃えるのである。それは明治維新の原点となるからであり、「薩長史観」の象徴となるからである。

日本を血みどろにした国内戦争で築かれた明治政府は、富国強兵を美名にしながら近代化を図って、軍事国家の体制を確立した。その進む先は、多くの人びとを犠牲にした軍国主義の道である。

日本が行なった他国への侵略と収奪と破壊は、まさに明治の元勲たちが強行した明治維新そのもののやり方であった。ちなみに太平洋戦争の敗戦まで、内閣総理大臣に長州では伊藤博文、山県有朋《ありとも》、桂太郎、寺内正毅《まさたけ》、田中義一、薩摩では黒田清隆《きよたか》、松方正義《まさよし》、山本権兵衛を輩出して、戦争への道を開いている。もちろん、他の総理や内閣も薩長の政治的影響を強く受けている。

戦後は、こうしたことの反省から平和国家の道を歩んできたが、またぞろ「薩長史観」

が頭を持ち上げてきたようである。昨今、「教育勅語」が取り沙汰されている。「一旦緩急あれば義勇公に奉じ、以て天壌無窮《てんじょうむきゅう》の皇運を扶翼《ふよく》すべし」

これは、イザというときには、一身を捧げて皇室国家のために尽くせ、と天皇が国民に命じたという形態を取っている。だが、それは天皇に一身を捧げるための教育というよりは、国家を支えるための教育で、為政者が恣意的に国民を支配し、従わせるための愛国心教育の方策であった。

「薩長史観」もそうであるが、天皇のためといいながら、政治の実権を握る人たちのために行なわれたのが愛国心教育である。これは、外国が日本を襲う脅威が高まるとされるときに声高に説かれるもので、明治維新のときも現在も変わらない。

排外主義と愛国心は表裏するものであるが、明治維新で行なった薩長のやり方を検証することで、その弊害から逃れられるものと確信するものである。

薩摩と長州が断行した明治維新の欺瞞《ぎまん》は、「薩長史観」のもとで日本人の心を支配し続け、それがやがて日本を滅ぼすことになったのである。

明治維新から百五十年、先の大戦から七十三年目を迎える。もうそろそろ「欺瞞の薩長史観」の呪縛から解放されて、確かな自由と人権と平和が保障される方向に国を導くときである。本書がその一助となれば、望外の喜びである。

【著者紹介】
武田鏡村（たけだ　きょうそん）
日本歴史宗教研究所所長、歴史家、作家。
1947年新潟県生まれ。1969年新潟大学卒業。長年にわたり、在野の歴史家として、通説にとらわれない実証的な史実研究を続ける。教科書に書かれない「歴史の真実」に鋭く斬り込む著書が多数ある。浄土真宗の僧籍も持つ。主な著書に『決定版 親鸞』『清々しい日本人』（以上、東洋経済新報社）『藩主なるほど人物事典』『新時代の幕開けを演出した龍馬と十人の男たち』『［図解］坂本龍馬の行動学』（以上、PHP研究所）『幕末維新の謎がすべてわかる本』（ロングセラーズ）などがある。

薩長史観の正体
歴史の偽装を暴き、真実を取り戻す

2017年9月21日　第1刷発行
2018年2月23日　第3刷発行

著　者――武田鏡村
発行者――駒橋憲一
発行所――東洋経済新報社
〒103-8345　東京都中央区日本橋本石町 1-2-1
電話＝東洋経済コールセンター 03(5605)7021
http://toyokeizai.net/

装丁・本文デザイン……泉沢光雄
カバー写真…………アフロ
D T P…………タクトシステム
印　刷…………東港出版印刷
製　本…………積信堂
　ISBN 978-4-492-06204-3